国家级实验教学示范中心配套教材

分子生物学实验

付鸣佳　黄义德　主编

科 学 出 版 社
北 京

内 容 简 介

本书从众多的分子生物学技术中，选取了17个实验技术方法作介绍，主要包括核酸分离、电泳检测、大肠杆菌感受态的制备、质粒的转化和抽提、聚合酶链式反应等基本实验技术，也包括DNA重组、cDNA文库的构建、外源基因在原核中的表达以及分子杂交等针对核酸分子的操作与检测等技术。

本书可作为大多数院校的生命科学相关专业本、专科学生实验教材，也可供生命科学工作者参考。

图书在版编目(CIP)数据

分子生物学实验／付鸣佳，黄义德主编．—北京：科学出版社，2013.2
国家级实验教学示范中心配套教材
ISBN 978-7-03-036619-1

Ⅰ.①分…　Ⅱ.①付…②黄…　Ⅲ.①分子生物学-实验-高等学校-教材
Ⅳ.①Q7-33

中国版本图书馆CIP数据核字(2013)第020918号

责任编辑：陈　露　封　婷／责任校对：宣　慧
责任印制：刘　学／封面设计：殷　靓

科学出版社 出版
北京东黄城根北街16号
邮政编码：100717
http://www.sciencep.com
虎彩印艺股份有限公司印刷
科学出版社发行　各地新华书店经销
*
2013年2月第　一　版　开本：B5（720×1000）
2018年1月第四次印刷　印张：8 1/2
字数：155 000

定价：25.00元

《分子生物学实验》编辑委员会

主　编　付鸣佳　黄义德

副主编　袁金铎　段世华　徐玲玲

编　者　（按姓氏笔画排序）

马秀灵　卢占军　史　辉　付鸣佳

朱立成　陈雪岚　周　敏　胡雪峰

贺根和　饶友生　段世华　袁金铎

徐玲玲　黄义德　曹玲珍

前　言

本书内容包括核酸分离、电泳检测、大肠杆菌感受态的制备、质粒的转化和抽提、聚合酶链式反应等基本实验技术，也包括 DNA 重组、cDNA 文库的构建、外源基因在原核中的表达以及分子杂交等针对核酸分子的操作与检测等技术。本书旨在通过这些实验的学习，加强对学生分子生物学基本实验技能的训练，培养学生良好的分子生物学实验习惯和严谨的实验作风，提高学生分析问题和解决问题的能力。

本书由来自不同院校的 15 位从事分子生物学教学第一线的老师参与编写，融合了不同学校教学过程中的特点和学生的需求，特别在大多数实验中都设计了实验提高的环节，解释和解答实验中可能碰到的问题，用以引导学生在实验后对实验原理进行进一步思考。本书编写人员的分工为：饶友生编写实验 1 和实验 8，周敏编写实验 2，徐玲玲编写实验 3 和实验 17，贺根和编写实验 4，付鸣佳编写实验 5，袁金铎编写实验 6，曹玲珍编写实验 7、附录Ⅰ、附录Ⅱ和附录Ⅲ，史辉编写实验 9，卢占军编写实验 10、实验 13，段世华编写实验 11，朱立成编写实验 12，黄义德编写实验 14，胡雪峰编写实验 15，马秀灵编写实验 16，陈雪岚编写附录Ⅳ。在本书编写过程中，编者力求每个实验的步骤准确无误，但难免存在疏漏之处，敬请读者批评指正。

本书可与科学出版社出版的王曼莹主编的《分子生物学》配套使用。本书在编写过程中也得到王曼莹教授的指导，在此表示深深地感谢！

编　者

2012 年 11 月

目　　录

实验1　基因组 DNA 的提取

【实验目的】

1. 学习使用苯酚抽提法提取动物组织基因组 DNA。

2. 了解并掌握基因组 DNA 提取的原理和方法。

【实验原理】

DNA 是遗传信息的载体，是细胞中最重要的信息分子。在真核细胞中，DNA 分子和蛋白质分子、RNA 分子等结合构成染色质（或染色体）。获取高纯度的基因组 DNA 是进行 DNA 测序、分子杂交和基因表达研究的前提。基因组 DNA 提取的原则是将 DNA 与蛋白质、脂类和糖类等分离，同时保持 DNA 分子的完整性。提取 DNA 的一般过程是将分散好的组织细胞在含 SDS（十二烷基硫酸钠）和蛋白酶 K 的溶液中消化分解蛋白质，然后用酚和氯仿/异戊醇将蛋白质抽提分离，得到的 DNA 溶液经乙醇沉淀，使 DNA 从溶液中析出。在匀浆后提取 DNA 的反应体系中，SDS 可破坏细胞膜、核膜，并使组织蛋白与 DNA 分离，EDTA（乙二胺四乙酸二钠）则能抑制细胞中 DNA 酶的活性，蛋白酶 K 在 SDS 和 EDTA 溶液中能保持很高的活性，可将蛋白质降解成小肽链或氨基酸，从而使 DNA 分子完整地分离出来。需要特别注意的是，组织中的多糖和酚类物质对随后的酶切、PCR 反应等有较强的抑制作用，因此用富含这类物质的材料提取基因组 DNA 时，应考虑尽可能除去多糖和酚类物质。

【实验用品】

1. 器材

移液器、高速离心机、水浴锅、恒温箱、1.5ml EP 管及 0.5ml EP 管、剪刀和研磨棒。

2. 材料

新鲜的动物肝脏组织或者肌肉组织。

【试剂的配制】

1. 1mol/L Tris-HCl

称取 60.57g Tris 溶入 400ml 双蒸水，用盐酸调 pH 至 8.0，定容至 500ml，高压灭菌。

2. 0.5mol/L EDTA

称取 104.05g $EDTANa_2$ 溶入 400ml 双蒸水，用 HAc 调 pH 至 8.0（HAc 9～10ml），高压灭菌。

3. 2mol/L NaCl

称取 58.44g NaCl 溶入 500ml 双蒸水，高压灭菌。

4. 组织裂解液

取 25ml 1mol/L Tris-HCl(pH8.0)、100ml 0.5mol/L EDTA(pH 8.0)、5g SDS、25ml 2mol/L NaCl，定容至 500ml(加入 SDS 后不能高压灭菌)。

5. RNase(胰 RNA 酶)

取 100mg RNA 酶溶解于 10ml 1×buffer 中(1ml 10×buffer＋9ml 超纯水)配成 10mg/ml 浓度，100℃煮沸 15min，缓慢冷却至室温，分装成小份保存于－20℃。

6. 蛋白酶 K(20mg/ml)

取 100mg 蛋白酶 K 溶于 5ml 超纯水中，分装成小份保存于－20℃。

7. 3mol/L NaAc

称取 123.045g 无水 NaAc 溶入 400ml 双蒸水，用 HAc 调 pH 至 5.2(HAc 大约 70ml)，定容至 500ml，高压灭菌。

8. TE 缓冲液

组成浓度 10mmol/L Tris-HCl(pH8.0)，1mmol/L EDTA(pH 8.0)。具体操作为，取 1mol/L Tris-HCl(pH 8.0)5ml，0.5mol/L EDTA(pH 8.0)1ml，加超纯水定容至 500ml，高压灭菌。

9. 氯仿/异戊醇

取氯仿和异戊醇以 24∶1 的体积比混合均匀即可。

10. 10×buffer(配 RNA 酶)

取 2ml 1mol/L Tris-HCl，1.5ml NaCl，配成 20ml 溶液。

【实验步骤】

1. 将剪取的 0.2～0.3g 动物肝脏组织或肌肉组织装入 1.5ml 的 EP 管中，用研磨棒研碎。

2. 加入 560μl 的组织裂解液，充分混匀后加入 4.5μl RNA 酶，然后放入 37℃恒温箱中温育 2.5h。

3. 加入 8μl 蛋白酶 K，放到摇床中 55℃过夜。

4. 将样品从水浴锅中取出后加入 560μl 苯酚，涡旋混匀器中振荡 1min，然后放入离心机中 12 000r/min 离心 14min，离心完后吸取上清液到另一 1.5ml 的新 EP 管中待用，丢弃下层混浊液。吸取上清液时勿将中间层乳白色的蛋白质吸入。

5. 往上清液中加入苯酚和氯仿/异戊醇各 280μl，振震、离心、取上清液，步骤同 4。

6. 往上清液中加入 560μl 氯仿/异戊醇，振震、离心、取上清液，步骤同 4。

7. 往上清液中加入 40μl NaAc 和 800μl 无水冰乙醇。盖上盖子轻微摇晃后即出现白色金属光泽的DNA絮状沉淀浮在液体中。用枪头将其挑入0.5ml的小EP管中后加入400μl 75%的乙醇清洗一遍，然后放在室温下干燥一天。

8. 加入200μl TE缓冲液，放入4℃的冰箱中保存备用，待DNA完全溶解，进行检测。

【注意事项】

1. 选择的实验材料要新鲜，处理时间不宜过长。
2. 在加入细胞裂解缓冲液前，细胞必须均匀分散，以减少DNA团块形成。
3. 操作过程中动作应温和，要用钝化吸嘴吸取DNA，防止DNA断裂。
4. 应尽量在温和的条件下操作，如尽量减少酚/氯仿抽提次数，混匀过程要轻缓，以保证得到较长的DNA。
5. 抽提上清液时，不能吸出位于两相之间的蛋白质。若蛋白质悬浮于上清液中，可适当增大离心速率，延长离心时间。

【实验提高】

实验过程中可根据所需DNA纯度，选择性减少第5步的苯酚-氯仿异戊醇抽提次数。

【思考题】

1. 仔细观察提取DNA过程中出现的实验现象，分析原因。
2. 如何检测基因组DNA的纯度？

实验 2　异硫氰酸胍法提取植物总 RNA

【实验目的】

1. 熟悉植物总 RNA 提取的方法和步骤。

2. 熟练掌握异硫氰酸胍法提取植物总 RNA。

【实验原理】

RNA 是一类极易被核糖核酸酶(RNA 酶)降解的分子。RNA 酶是一类生物活性非常稳定的酶类，分为内源性 RNA 酶和外源性 RNA 酶两种。除细胞内源 RNA 酶外，外界环境中灰尘、各种实验器皿和试剂、人体的汗液以及唾液中均存在 RNA 酶。各种器皿、耗材等都很容易被污染。这类酶耐热、耐酸、耐碱，如煮沸 15min 也不能使之完全失活，蛋白质变性剂可使之暂时失活，但变性剂去除后，又可恢复活性。RNA 酶的活性不需要辅助因子，二价金属离子螯合剂对它的活性无任何影响。要得到完整的 RNA 必须最大限度地抑制提取过程中内源性及外源性 RNA 酶对 RNA 的降解。高浓度强变性剂异硫氰酸胍，可溶解蛋白质，破坏细胞结构，使核蛋白与核酸分离，灭活 RNA 酶，所以 RNA 从细胞中释放出来时不被降解。细胞裂解后，除了 RNA，还有 DNA、蛋白质和细胞碎片，可通过酚、氯仿等有机溶剂处理得到纯化、完整的总 RNA。

【实验用品】

1. 器材

冷冻离心机、琼脂糖凝胶电泳系统、凝胶成像系统或紫外透射仪、紫外分光光度计、高温灭菌锅、200℃以上烘箱；陶瓷研钵、剪刀、一次性手套、一次性口罩、RNase-free 的 1.5ml EP 管、RNase-free 的 1ml Tip 头、RNase-free 的 200μl Tip 头等。

2. 试剂

焦炭酸二乙酯(DEPC)、异硫氰酸胍(GIT)、乙酸钠(NaAc)、柠檬酸钠、十二烷基肌氨酸钠、β-巯基乙醇、饱和酚、氯仿、异戊醇、乙醇、异丙醇、37%甲醛、吗啉代丙烷磺酸(MOPS)、乙二胺四乙酸(EDTA)、琼脂糖、液氮。

3. 材料

植物新鲜的幼嫩组织(根或叶)。

【试剂的配制】

进行任何制备 RNA 的操作，都必须特别小心并确保所使用的溶液中无 RNA 酶。在加入胍盐溶液后，所有接触 RNA 的溶液除了含 Tris 的溶液外，均用 0.1%

DEPC 水处理，室温静置过夜，高压灭菌。含 Tris 的溶液用经高压灭菌的 0.1% DEPC 水直接配制。

1. 0.1% DEPC 水

取 1 000ml 双蒸水加 1ml DEPC 混匀，室温静置 12h 以上，高压灭菌。

2. 变性液贮存液

取 293ml 双蒸水、17.6ml 0.75mol/L 柠檬酸钠(pH 7.0)和 26.4ml 10%十二烷基肌氨酸钠溶液，加入 250g 异硫氰酸胍，60～65℃搅拌溶解。贮存液室温下可存放 3 个月。使用时取 50ml 贮存液，加 0.35ml β-巯基乙醇即为工作液，这种变性工作液可在室温下存放 1 个月。

3. 2mol/L 乙酸钠(pH 4.0)

在 40ml 双蒸水和 35ml 冰醋酸中加入 16.42g 乙酸钠，冰醋酸调节 pH 到 4.0，最后定容至 100ml。

4. 电泳缓冲液(用 DEPC 水配制)

20mmol/L MOPS(pH 7.0)、2mmol/L NaAc(pH 4.0)、1mmol/L EDTA(pH 8.0)。

【实验步骤】

本实验对实验器皿、耗材等要求非常严格。RNA 操作中的器皿、耗材应该用 DEPC 处理：将器皿、耗材浸泡于 0.1% DEPC 溶液中 12h 以上，121℃高压灭菌 15～20min，再 70～80℃烘干。玻璃器皿、剪刀、镊子则于 180℃干热灭菌 4h 以上。实验操作全程应戴手套和口罩，最好在超净工作台中进行。

1. 总 RNA 提取

(1) 称取 0.1～0.2g 新鲜植物组织，用 RNase-free 双蒸水洗两次，用滤纸吸干后，迅速剪碎置于已预冷的研钵中，加入液氮，迅速研磨成均匀的粉末，研磨过程中保证液氮不挥发干净。

(2) 将粉末移入预冷的 1.5ml EP 管中，加入含异硫氰酸胍的变性工作液(每 100mg 组织加 1ml 变性液)，轻轻摇动 EP 管混合均匀。

(3) 加入 0.1ml 2mol/L 乙酸钠，上下颠倒充分混匀。加 1ml 饱和酚，充分混合，再加 200μl 24∶1(体积比)氯仿/异戊醇，混合充分后，冰浴 15min。

注意：混合时注意旋紧盖子。上面所给出的溶液体积均为每毫升变性液用量。如果开始所加的变性液容量不同，则随后的其他溶液也要相应变化。

(4) 4℃，13 000*g* 离心 15min。样品分为三层，上层水相中含有 RNA，而 DNA 和蛋白质分别在界面和下层有机相中。

(5) 将上层水相转移至一新 EP 管中(如要分离 DNA 和蛋白质可保留有机相)，加入等体积预冷的异丙醇沉淀水相中的 RNA。混匀后置于－20℃冰箱冷冻 2h。

(6) 4℃,13 000*g* 离心 15min,弃上清液。将沉淀溶于含异硫氰酸胍变性液中(体积为第一次的 1/3),再加入等体积的异丙醇,混匀后置于−20℃冰箱 2h。

(7) 4℃,13 000*g* 离心 15min,弃上清液。

(8) 将 RNA 沉淀用 75%乙醇洗涤两次(75%乙醇用 DEPC 水配制),振荡,脱盐。每使用 1ml 变性液至少加 1ml 75%乙醇。4℃,7 500*g* 离心 5min,弃上清液。

(9) 在超净工作台中室温放置或真空抽干 RNA 沉淀,不要晾得过干,否则不易溶解,晾 5～10min。加入 25～200μl 无 RNA 酶的水,60～65℃,10min 溶解 RNA,直接进行下面实验或−70℃保存。

2. 甲醛变性琼脂糖凝胶电泳分析总 RNA

(1) 配制 1%变性琼脂糖胶。称取 0.2g 琼脂糖,加入 DEPC 水 12.6ml,5×电泳缓冲液 4ml,加热溶解,稍冷却加入 37%甲醛 3.4ml,混匀,制胶。

(2) 4μl 样品+1μl 10×loading-buffer 混匀上样。

(3) 80V 恒压电泳 15min,紫外灯下观察结果。

3. 紫外吸收检测 RNA 的浓度和纯度

(1) 紫外分光光度计先用水在 260nm 和 280nm 两个波长下校零。

(2) 取 1μl RNA 样品,用 DEPC 水稀释 100 倍,转入紫外分光光度计的石英比色杯中。

(3) 在 260nm 和 280nm 分别读出样品 OD 值。根据 260nm 时 1OD 单位的单链 RNA=40μg/ml 和稀释倍数,可以计算出样品 RNA 的浓度和产量。

$$样品浓度(\mu g/ml)=OD_{260}\times稀释倍数\times 40$$

(4) OD_{260}/OD_{280}的比值用于估计 RNA 纯度。对于 RNA 纯制品,其 $OD_{260}/OD_{280}\approx 2.0$。$OD_{260}/OD_{280}$小于 2.0,说明可能有 DNA 片段污染,可以考虑用无 RNA 酶的 DNase 处理样品,若小于 1.8,说明样品中还可能含有蛋白质或酚,应再用酚-氯仿抽提,以乙醇沉淀纯化 RNA。

【实验结果】

紫外灯下观察可见 5S rRNA、18S rRNA 和 28S rRNA,走在前面的为 5S rRNA,其次为 18S rRNA。提取质量较高的不发生降解的 RNA,28S rRNA 的量是 18S rRNA 的 1.5～2 倍。如图 2-1 所示,1 泳道和 2 泳道的 RNA 提取效果较 3 泳道的要好。

【注意事项】

1. 由于 RNA 极易被 RNA 酶降解,加上 RNA 酶非常稳定而且广泛存在(如玻璃制品、塑料制品、电泳槽及手和唾液等),因此在提取过程中要严格防止 RNA 酶的污染,并设法抑制其活性。

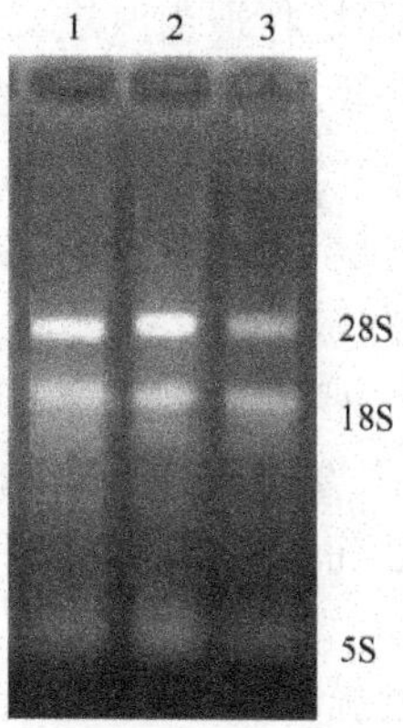

图 2-1　小麦总 RNA 电泳结果

预防 RNA 酶污染措施如下。

(1) 操作人员戴一次性口罩、手套，实验过程中经常更换新手套，皮肤上常带有的细菌、真菌可能成为 RNA 酶的来源。镊子用前要用酒精灯稍微烘烤，在开启 EP 管时要用镊子夹开，不要用手触碰。

(2) 为避免 RNA 酶的污染，提取 RNA 的所有试剂和用具物品必须是专用的。小心操作，保证试剂药品如氯仿和异丙醇等不被污染。

(3) RNA 整个操作过程中都应使用不含 RNA 酶的塑料和器皿。将器皿、耗材浸泡于 0.1% DEPC 溶液中 12h，121℃高压灭菌 15～20min，再 70～80℃烘干。操作全程应戴手套和口罩。玻璃器皿均应在使用前于 180℃的高温下干烤 4h 或更长时间。

(4) 配制的溶液应尽可能地用 0.1% DEPC 在 37℃处理 12h 以上。然后用高压灭菌除去残留的 DEPC。不能高压灭菌的试剂，应当用 DEPC 处理过的无菌双蒸水配制，然后经 0.22μm 滤膜过滤除菌。注：DEPC 有致癌之嫌，需小心操作。

(5) 有机玻璃的电泳槽等，可先用去污剂洗涤，双蒸水冲洗，乙醇干燥，再于室温浸泡至 3% H_2O_2 10min，然后用 0.1% DEPC 水冲洗，晾干。

2. 匀浆后加氯仿之前样品可在－70℃保存至少一个月，RNA 沉淀可保存在 2～8℃ 75%乙醇中一周以上或－20～－5℃的乙醇中一年以上。

【实验提高】

目前植物组织总 RNA 的提取方法主要有热酚法、CTAB 法、异硫氰酸胍法和 Trizol 法等。其中异硫氰酸胍法是从真核生物细胞中提取总 RNA 的通用方法之一。由于植物细胞壁厚实且成分复杂，细胞内富含单宁、萜烯、色素、酚等次生代谢物以及蛋白质、多糖等生物大分子，这些物质不但影响提取 RNA 效率，而且干扰之后的反转录、酶切实验操作。

以常规的异硫氰酸胍法为基础，作适当改进：

1. 去掉了第(6)步即减少了第 2 次提取液抽提的过程，降低了 RNA 降解的机会和 RNA 的损失。在 RNA 提取过程中，在保证 RNA 质量的前提下，步骤越简单，各种有害因素对核酸的破坏机会也就越少，成功的概率也就越高。

2. 将需要离心的时间改变为 30min。

3. 增加了一次高速离心的过程即沉淀溶于 DEPC 水中后，4℃，16 000*g* 离心 30min，除去不溶性物质。许多人在提取 RNA 的过程中发现，用有机溶剂沉淀 RNA 时，沉淀很多，复溶时，大量沉淀不溶，通过该步就可除去不溶性杂质。

【思考题】

1. 影响 RNA 提取的因素有哪些？

2. OD_{260}/OD_{280} 比值为什么会偏低？

3. RNA 提取得率低的原因有哪些？

实验3 琼脂糖凝胶电泳检测DNA和RNA

【实验目的】

1. 了解琼脂糖凝胶电泳的原理。

2. 掌握琼脂糖凝胶的制作及进行电泳的方法。

【实验原理】

琼脂糖主要从海洋植物琼脂中提取,是一种聚合链线性分子,实验室中常用两种琼脂糖,即常熔点的和低熔点的,都是良好的电泳支持介质。核酸分子是两性解离分子,在pH3.5时,碱基上的氨基基团解离,而三个磷酸基团中只有第一个磷酸解离,整个核酸分子带正电荷,在电场中向负极泳动;在pH为8.0～8.3时,碱基几乎不解离,磷酸全部解离,核酸分子带负电荷,向正极移动。DNA分子在琼脂糖凝胶中泳动时有电荷效应和分子筛效应。由于DNA分子的电荷密度大致相同,它们以同样速度向正极移动。因此,在一定电场强度下,DNA分子的移动速率取决于分子筛效应,即DNA分子本身的大小和构型,其迁移速度与相对分子质量的对数值成反比关系。凝胶不仅可以分离不同相对分子质量的DNA,也可以分离相对质量相同,但构型不同的DNA分子。如抽提质粒DNA过程中,由于各种因素的影响,使提取的质粒可能存在三种构型:①超螺旋的共价闭环状质粒(CC);②解旋开环质粒DNA(OC);③线状质粒DNA(L)。电泳中,泳动最快的是CC,其次为L,最慢的为OC。

琼脂糖凝胶电泳对DNA和RNA分子的检测,主要基于溴化乙锭分子会嵌入DNA和RNA分子中形成络合物,使DNA和RNA在紫外光下发射很强的荧光。在溴化乙锭足够的情况下,荧光的强度正比于DNA和RNA的含量,因而DNA和RNA的检测很方便。如将已知大小和浓度的标准样品(marker)作电泳对照,就可估计出待测样品的分子量大小和浓度。

【实验用品】

1. 器材

量筒、三角瓶、微波炉、水平式凝胶电泳槽、电泳仪、紫外检测仪和微量移液器。

2. 材料

实验1中提取的动物基因组DNA,实验2中提取的总RNA。

【试剂的配制】

1. 琼脂糖

2. 50×TAE 电泳缓冲液

242g Tris，57.1ml 冰醋酸，200ml 0.5mol/L EDTA(pH8.0)定容至 1 000ml。

3. 溴化乙锭溶液

10mg/ml，室温下棕色瓶或铝箔纸包装保存。

4. DNA 样品加样缓冲液

0.25%溴酚蓝、40%甘油。

5. 标准 DNA marker

6. 0.1%焦碳酸二乙酯(DEPC)(*V*/*V*)。

【实验步骤】

1. 制备琼脂糖凝胶

(1) 检测 DNA 的琼脂糖凝胶制备。

根据被分离 DNA 的大小，决定凝胶中琼脂糖的百分含量。可参照表 3-1。

表 3-1　琼脂糖凝胶浓度与 DNA 的分离范围

琼脂糖凝胶浓度/%	线性 DNA 的有效分离范围/kb
0.3	5～60
0.6	1～20
0.7	0.8～10
0.9	0.5～7
1.2	0.4～6
1.5	0.2～4
2.0	0.1～3

实验用 1.0%琼脂糖。称取 1.0g 琼脂糖，放入锥形瓶中，加入 100ml 1×TAE 缓冲液，置微波炉或水浴加热至完全溶化，取出摇匀即可。

(2) 检测 RNA 的琼脂糖凝胶制备。

1%变性琼脂糖胶：称取 0.2g 琼脂糖，加入 12.6ml DEPC 水，4ml 5×电泳缓冲液，加热溶解，稍冷却(60～65℃)加入 3.4ml 37%甲醛。

2. 胶板的制备

将融化的琼脂冷却至 50～60℃，而后缓缓倒入制胶模具(预先插上样品梳子)中，形成一层均匀的胶面(注意不要形成气泡)，待胶完全凝固后小心地拔出梳子，取出胶块，放入加有 1×TAE 电泳缓冲液的电泳槽内。

注意：①DNA 样品孔应朝向负电极一端，电泳缓冲液要高过胶面 1～1.5mm。②用于 RNA 电泳的电泳槽用去污剂洗干净，再用水冲洗，而后用乙醇清洗，干燥后灌满 3% 的 H_2O_2 溶液，于室温放置 10min，然后用 DEPC 水冲洗电泳槽，梳子同样处理。

3. 加样

取 5μl DNA 样品与 2μl DNA 样品加样缓冲液混匀，用微量移液枪小心加入加样孔中(记录点样顺序并点标准 DNA marker)。

4. 电泳

(1) 接通电泳槽与电泳仪的电源，电泳方向由负极向正极，按照需要调节电压(或电流)，电泳开始，观察电泳槽中的铂金丝是否有气泡出现。DNA 的迁移速度与电场强度成正比，一般电场强度不要超过 5V/cm。

(2) 当溴酚蓝染料移动到距凝胶前沿 1～2cm 处，将电压(或电流)回零，关闭电源，停止电泳。

5. 染色

将电泳后的凝胶浸入溴化乙锭(EB)染色液(在 200ml 1×TAE 缓冲液中加两滴 10mg/ml 的溴化乙锭储存液即可)染色 10～20min(注意：溴化乙锭为致癌物，需戴一次性塑料薄膜手套操作，并小心不要污染环境)。

6. 观察和拍照

在紫外灯(360nm 或 254nm)下观察和拍照染色后的电泳凝胶。DNA 和 RNA 存在处应显出橘红色荧光条带(在紫外灯下观察时应戴上防护眼镜，以防紫外线对眼睛的伤害作用)(图 3-1，图 3-2)。

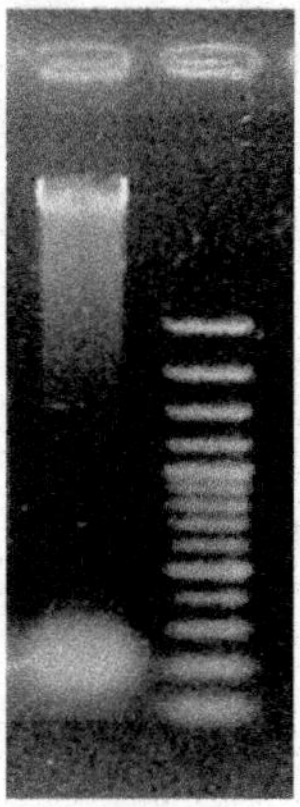

图 3-1　总 DNA 的电泳结果

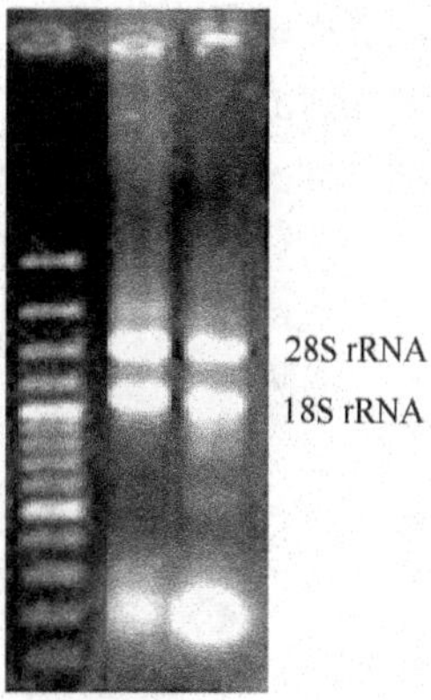

图 3-2　总 RNA 的电泳结果

【思考题】

1. DNA 在琼脂糖中的电泳迁移速率与样品 DNA 分子大小、DNA 分子构象、琼脂糖浓度、电场电压、缓冲液、温度等有什么样的关系？

2. 琼脂糖凝胶电泳实验原理是什么？

3. 凝胶加样缓冲液的作用是什么？

4. DNA 染料 EB(溴化乙锭)的作用是什么？

实验 4　质粒 DNA 的制备

【实验目的】

1. 了解质粒的特性及其在分子生物学研究中的作用。
2. 掌握质粒 DNA 提取和纯化的原理。
3. 学习碱裂解法和煮沸法分离质粒 DNA 的方法。

【实验原理】

质粒(plasmid)是一种染色体外的稳定遗传因子,大小为 1～200kb 不等,为双链、闭环的 DNA 分子,并以超螺旋状态存在于宿主细胞中(图 4-1)。质粒的复制和转录要依赖于宿主细胞编码的某些酶和蛋白质,如离开宿主细胞则不能存活。质粒在细胞内的复制一般有两种类型:紧密控制型(stringent control)和松弛控制型(relaxed control)。前者只在细胞周期的一定阶段进行复制,当染色体不复制时,它也不能复制,通常每个细胞内只含有 1 个或几个质粒分子,如 F 质粒。后者在整个细胞周期中随时可以复制,在细胞中有许多拷贝,一般在 20 个以上,如 ColE1 质粒。常用的质粒载体大小一般在 1～10kb 之间,如 pBR322、pUC 系列、pGEM 系列和 pBluescript(简称 pBS)等。经过改造的基因工程质粒是携带外源基因进入细菌中扩增或表达的重要媒介,这种基因的运载工具在基因工程中具有

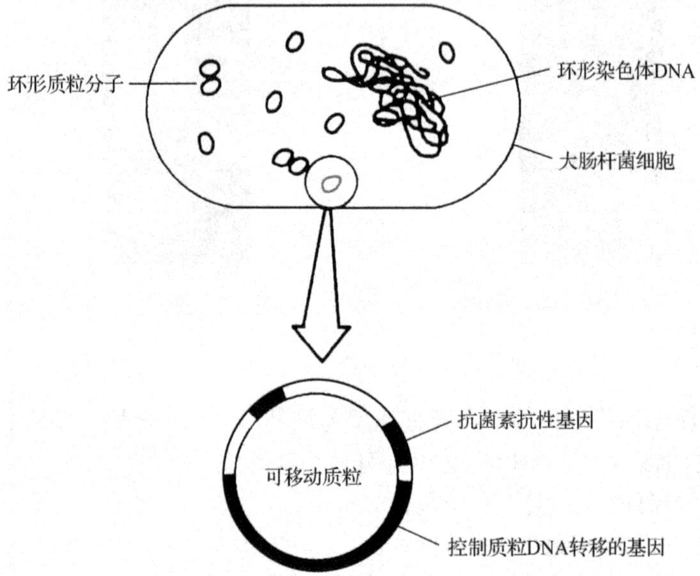

图 4-1　大肠杆菌质粒 DNA 分子的结构示意

极广泛的用途，而质粒的分离与提取则是基因工程最常用、最基本的实验技术。一般分离质粒DNA的方法都包括3个步骤：①培养细菌，使质粒DNA大量扩增；②收集和裂解细菌；③分离和纯化质粒DNA。分离制备质粒DNA的方法很多，其中常用的方法有碱裂解法、煮沸法、SDS法和羟基磷灰石层析法等。在实际操作中可以根据宿主菌株的类型、质粒分子大小、碱基组成和结构等特点以及质粒DNA的用途选择不同的方法。本实验介绍最常用的煮沸法和碱裂解法提取质粒DNA。

1. 煮沸法

细胞用含有Triton X-100的缓冲液处理，溶解细胞膜。用溶菌酶酶解细菌细胞，然后在高温条件下，使细胞裂解，破坏细菌细胞壁，有助于解开DNA链的碱基对，并使蛋白质和染色体DNA变性。而闭环质粒DNA配对虽被破坏，但双链彼此不分开，当温度下降时恢复成超螺旋。变性蛋白带着染色体DNA一起沉淀下来，质粒DNA仍留在上清液中。离心后的上清液再用异丙醇或乙醇处理，沉淀出质粒DNA。

2. 碱裂解法

碱裂解法提取质粒DNA是基于染色体DNA与质粒DNA的变性和复性的差异而达到分离的目的。在pH高达12.6的碱性环境中，染色体的线性DNA的氢键断裂，双螺旋结构解开而被变性；共价闭环质粒DNA的大部分氢键也断裂，但两条互补链不会完全分离，仍会紧密地结合在一起。用pH4.8的KAc或NaAc高盐缓冲液调节其pH到中性时，因为共价闭合环状的质粒DNA的两条互补链仍保持在一起，因此可以迅速复性；而线性的染色体DNA的两条互补链彼此已完全分开，不能复性，它们相互缠绕形成不溶性网状物，而复性的质粒DNA恢复原来构型，保持可溶性状态。通过离心，染色体DNA与不稳定的大分子RNA、蛋白质-SDS复合物等一起沉淀下来而被除去，用酚-氯仿抽提纯化上清液中的质粒DNA，然后用乙醇或异丙醇将溶于上清液中的质粒DNA沉淀。

以上两种制备方法的实验过程中，由于细菌裂解后受到剪切力或核酸降解酶的作用，染色体DNA容易被切断成为各种大小不同的碎片而与质粒DNA共同存在，因此，采用乙醇沉淀法得到的DNA除含有质粒DNA外，还可能有少部分染色体DNA和RNA，必要时可进一步纯化。

提取的质粒DNA中会含有RNA，但RNA一般并不干扰进一步实验，如限制性内切酶消化，亚克隆及连接反应等，因此不必除去。

在细菌细胞内，共价闭环质粒以超螺旋形式(superhelix或supercoil，简称SC DNA)存在。在提取质粒过程中，除了超螺旋DNA外，还会产生其他形式的质粒DNA。如果质粒DNA两条链中有一条链发生一处或多处断裂，分子就能旋转而消除链的张力，形成松弛型的环状分子，称开环DNA(open circular DNA，简称

OC DNA)；如果质粒 DNA 的两条链在同一处断裂，则形成线状 DNA(linear DNA，简称 L DNA)。当提取的质粒 DNA 电泳时，同一质粒 DNA 其超螺旋形式的泳动速度要比开环和线状分子的泳动速度快(图 4-2)。

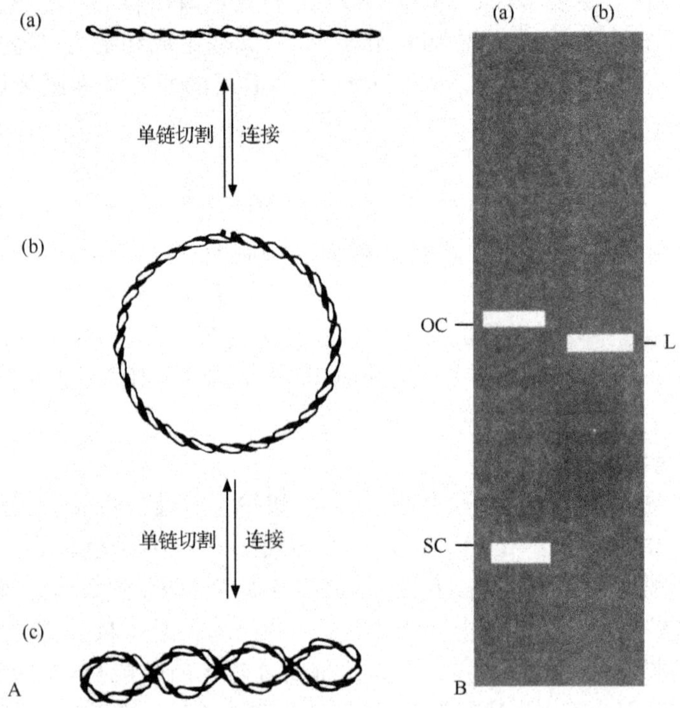

图 4-2 质粒 DNA 的分子构型

A：(a) 松弛线形的 DNA；(b)松弛开环的 OC 构型；(c)超螺旋的 SC 构型。B：质粒 DNA 琼脂塘凝胶电泳模式图，(a)道中的 SC DNA 走在最前沿，OC DNA 则位于凝胶的最后边；(b)道中的 L DNA 是经核酸限制内切酶切割质粒之后产生的，它在凝胶中的位置介于 OC DNA 和 SC DNA 之间。

【实验用品】

1. 器材

超净工作台、微量移液器(20μl、200μl、1 000μl)、台式高速离心机、恒温振荡摇床、高压蒸汽消毒器 (灭菌锅)、涡旋振荡器、电泳仪、琼脂糖平板电泳装置和恒温水浴锅等。

2. 材料(菌种和培养基)

(1) 大肠杆菌 DH5α(含质粒 pBR322)。

(2) LB 液体培养基(Luria-Bertani)：称取 10g 蛋白胨(Tryptone)，5g 酵母提取物(yeast extract)，10g NaCl，溶于 800ml 去离子水中，用 NaOH 调 pH 至 7.0，加去离子水至总体积 1 L。分装于 150ml 三角瓶中，每瓶 50ml，置高压蒸气锅以

1.034×10^5Pa,121℃灭菌 20min。

(3) 氨苄青霉素(ampicillin, Amp)母液:用无菌水配成 50mg/ml 水溶液,过滤除菌,分装成小份存于灭菌有盖 EP 管中,－20℃保存备用,不宜反复冻溶。

(4) 四环素(tetracycline, Ter)母液:溶解 100mg 四环素盐酸盐于足量的水中,或者将无碱的四环素溶于无水乙醇,定容至 10ml。分装成小份用铝箔包裹装液管以免溶液见光,于－20℃储存。常以 10～50μg/ml 的终浓度添加于生长培养基中。

【试剂的配制】

1. 溶液Ⅰ

50mmol/L 葡萄糖, 25mmol/L Tris-HCl (pH8.0), 10mmol/L EDTA (pH8.0)。高压灭菌 15min,储存于 4℃冰箱。

2. 溶液Ⅱ

0.2mol/L NaOH(临用前用 10mol/L NaOH 母液稀释),1% SDS(从 10% SDS 母液中稀释,SDS 母液可室温保存),现配现用。

3. 溶液Ⅲ

60ml 5mol/L KAc,11.5ml 冰醋酸,28.5ml H_2O,高压灭菌,4℃冰箱保存。溶液终浓度为 K^+ 3mol/L,Ac^+ 5mol/L。

4. 3mol/L 醋酸钠 (pH5.2)

800ml 水中溶解 408.1g NaAc·3H_2O,用冰醋酸调 pH 至 5.2,加水定容至 100ml,分装后高压灭菌,储存于 4℃冰箱。

5. STE 缓冲液

0.1mol/L NaCl,10mmol/L Tris-HCl(pH8.0),1mmol/L EDTA (pH8.0)。

6. STET

0.1mol/L NaCl,10mmol/L Tris-HCl(pH8.0),1mmol/L EDTA (pH8.0),5% Triton X-100。

7. TE 缓冲液

10mmol/L Tris-HCl (pH8.0),1mmol/L EDTA (pH8.0)。高压灭菌后储存于 4℃冰箱中。

8. RNA 酶 A 母液

将 RNA 酶 A 溶于 10mmol/L Tris-HCl (pH7.5),15mmol/L NaCl 中,配成 10mg/ml 的溶液,于 100℃加热 15min,使残留的 DNA 酶失活。冷却后用 1.5ml EP 管分装成小份保存于－20℃。

9. 溶菌酶(10mg/ml)

用 10mmol/L Tris-HCl 配制,pH8.0,临用前配制。

10. 苯酚饱和溶液

苯酚溶解后用 10mmol/L Tris-HCl (pH8.0)平衡至上清液中的水相 pH 升至 8。

11 . 酚∶氯仿∶异戊醇 (25∶24∶1)

三种成分按体积比混合。

12. 氯仿∶异戊醇(24∶1)

按氯仿∶异戊醇=24∶1 体积比向氯仿中加入异戊醇。氯仿可使蛋白变性并有助于水相与有机相的分开,异戊醇则可消除抽提过程中出现的泡沫。

13. 电泳所用试剂

① TBE 缓冲液(5×):称取 54g Tris,27.5g 硼酸,并加入 20ml 0.5mol/L EDTA (pH8.0),定溶至 1 000ml。②上样缓冲液 (6×):0.25% 溴酚蓝,40%(W/V)蔗糖水溶液。

14. 异丙醇

15. 70%冰乙醇

可用 95%乙醇配制,-20℃保存备用。

16. 5mol/L LiCl

100ml 的烧杯中加入 30.25g LiCl,加入不超过 100ml 的无菌超纯水,磁力搅拌混匀,定容至 100ml,121℃灭菌 15min。

【实验步骤】

1. 小量制备

方法一:煮沸法(图 4-3)

(1) 取 1.5ml 培养菌体置于 EP 管中,10 000*g* 离心 1min。

(2) 弃上清液,将管倒置于卫生纸上几分钟,使液体流尽。

(3) 将菌体沉淀悬浮于 350μl STET 溶液中,涡旋混匀。

(4) 加入 25μl 新配制的溶菌酶溶液(10mg/ml),涡旋振荡 3s 混匀。(溶菌酶溶液 pH 不能低于 8.0,否则溶菌酶就不能有效发挥作用。)

(5) 将 EP 管放入沸水浴中,时间恰为 40s,12 000*g*,离心 10min。

(6) 吸出上清液移至另一个 EP 管,或直接用消毒牙签取出沉淀物,在上清液中加入 40μl 3mol/L NaAc(pH5.2)和 420μl 异丙醇,振荡混匀,室温放置 5min。

(7) 12 000*g*,4℃离心 5min,将 EP 管倒置于一张纸巾上,使液体流出,然后短暂离心,用移液器小心取出残液,这一步操作要格外小心,有时沉淀块贴壁不紧,放 EP 管于超净工作台蒸发痕迹乙醇或放于室温直至乙醇挥发殆尽,管内无可见的液体(2~5min)。

(8) 弃上清液,加入 1ml 70%乙醇,12 000*g*,4℃离心 2min。按步骤(7)回收 DNA 沉淀。

(9) 加入 50μl TE(pH8.0)(含无 DNA 酶的 RNA 酶 20μg/ml)，溶解 DNA，稍加振荡，储存于−20℃。

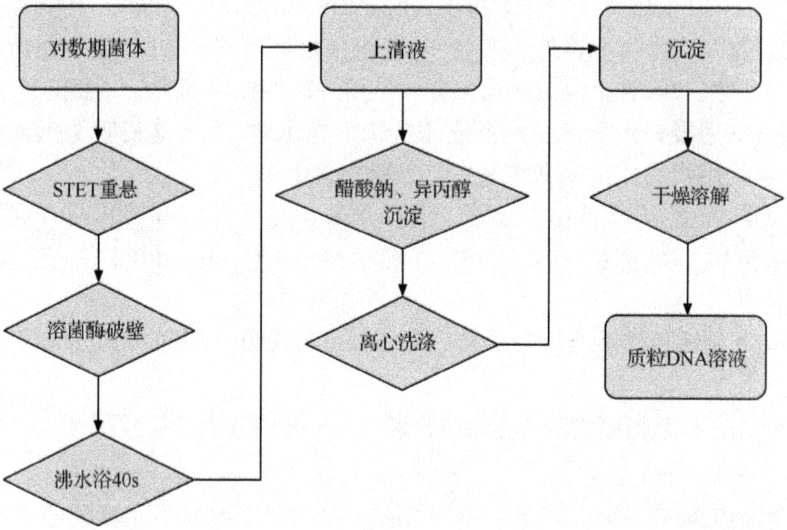

图 4-3　煮沸法小量提取质粒 DNA 流程

方法二：碱变性法(图 4-4)

(1) 将含有质粒 pBR322 的 DH5α 菌种划线接种在 LB 固体培养基(含有 100μg/ml Amp 和 10μg/ml 的 Ter)上，37℃培养 12～24h。用无菌牙签挑取单菌落接种到 5ml LB 液体培养基(含有 100μg/ml Amp 和 10μg/ml 的 Ter)中，37℃振荡培养 14～16h。

(2) 取 1.5ml 培养液加入 1.5ml EP 管中，室温 12 000r/min 离心 1min 收集菌体 (视菌体量多少，可重复此步)。

(3) 加入 100μl 预冷的溶液Ⅰ涡旋振荡悬浮菌体。

(4) 加入新配制的溶液Ⅱ 200μl，轻缓上下颠倒 5 次 (动作要轻柔，千万不要振荡)，至溶液澄清，冰浴 5min。

(5) 立即加入用冰预冷的 150μl 溶液Ⅲ，轻柔振荡 5～10 次，冰浴 3～5min，12 000r/min离心 10min。

(6) 取上清液移入干净 EP 管中，加入等体积的酚：氯仿：异戊醇(25：24：1)，剧烈振荡 20s。室温下 12 000r/min 离心 5min，可见溶液分三层，上层为质粒 DNA 溶液，中层为变性的蛋白层，下层为有机相。

(7) 取上清液，加入等体积氯仿：异戊醇(24：1)，剧烈振荡 20s。12 000r/min 离心 5min(该步骤可选做)。

(8) 取上清液，加入 2～2.5 倍体积无水乙醇振荡混匀，沉淀 DNA，−20℃放置 10min(或者加 1 倍体积异丙醇,室温静置 10min),12 000r/min 离心 10min。

(9) 去上清液,加入 1ml 70%乙醇,12 000r/min,2min。洗涤沉淀两次去盐。

(10) 将 EP 管倒置于一张纸巾上,使液体流出,然后短暂离心,用移液器小心取出残液,这一步操作要格外小心,有时沉淀块贴壁不紧,放 EP 管于超净工作台蒸发痕迹乙醇。(除去上清液的简便方法是用一次性使用的吸头与真空管道相连,轻缓抽吸,并用吸头接触液面。当液体从管中吸出时,尽可能使吸头远离核酸沉淀,然后继续用吸头通过抽真空除去附于管的液滴)。

(11) 将沉淀溶于 30μl TE 缓冲液(pH8.0,含 20μg/ml RNaseA)中,储于 −20℃冰箱中。如直接酶切,可将沉淀溶于 30~50μl ddH_2O(含 20μg/ml RNaseA)中。

(12) 利用比色法测定质粒 DNA 在 260nm 和 280nm 下的光吸收值并计算样品浓度。

(13) 用 1%琼脂糖凝胶电泳观察质粒 DNA 的纯度和条带情况。

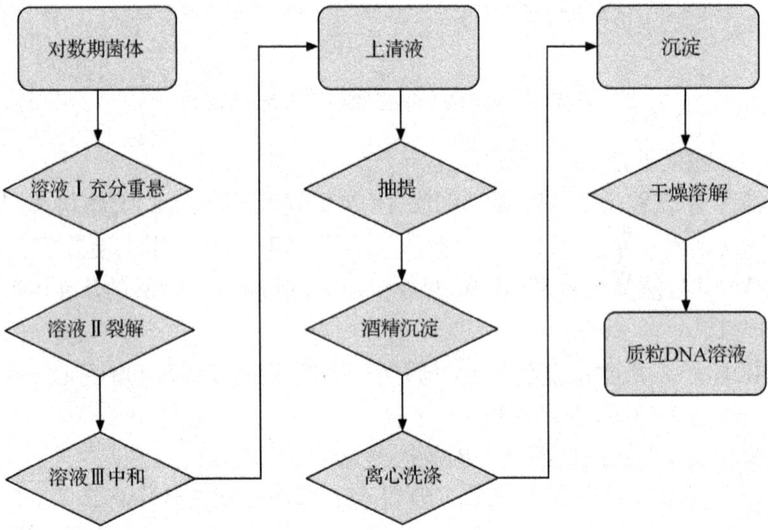

图 4-4 碱法小量提取质粒 DNA 流程

2. 大量制备(碱裂解法,图 4-5)

(1) 从平板上挑选一个单菌落,接种到 50ml 培养基上,37℃过夜培养 14~16h。

(2) 将培养物转入 50ml EP 管,4 800r/min 4℃离心 10min。

(3) 沉淀用 10ml STE 洗涤,涡旋打匀,4 800r/min 4℃离心 10min。

(4) 加入 3ml 溶液Ⅰ,涡旋打匀,冰浴 5min。

(5) 加入 6ml 溶液Ⅱ(现配),轻柔颠倒数次直至溶液澄清,保持冰浴 5min。

(6) 马上加入4.5ml溶液Ⅲ，轻柔颠倒5～10次，得到白色沉淀，冰浴3～5min。

(7) 4 800r/min 4℃离心20min，取上清液，加入0.6倍体积异丙醇，室温放置10min，沉淀DNA。

(8) 4 800r/min室温离心10min，去上清液，加入75%乙醇，洗涤沉淀。

(9) 4 800r/min离心10min，去上清液，吸出痕量剩余乙醇，风干。

(10) 加入1.5ml TE溶液，溶解沉淀，转入7ml EP管。

(11) 加入等体积5mol/L LiCl（预冷），颠倒混匀，冰浴10min，沉淀大分子RNA。

(12) 10 000r/min 4℃离心10min，取上清液，加入等体积异丙醇，颠倒混匀，室温放置10min。

(13) 10 000r/min室温离心10min，室温放置20～30min。用700μl含无DNA酶的胰RNA酶(20μg/ml)的TE(pH8.0)溶解沉淀，储于－20℃冰箱中。

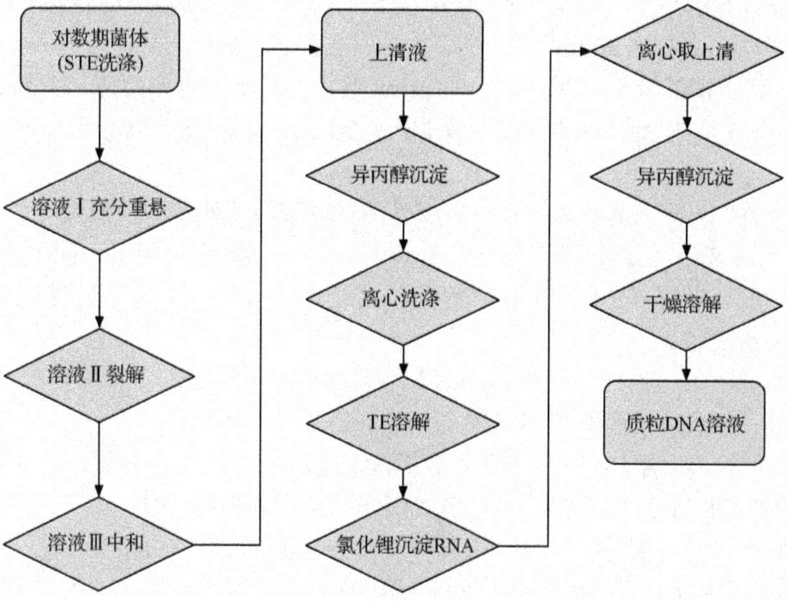

图4-5　碱法大量提取质粒DNA流程

3. 质粒DNA的纯化方法

常使用的所有DNA纯化方法都利用了质粒DNA相对较小及共价闭合环状这样两个性质。例如，用氯化铯-溴化乙锭梯度平衡离心分离质粒和染色体DNA就取决于溴化乙锭(ethidium bromide，简称EB，贮存于避光容器内，室温保存）与线状以及与闭环DNA分子的结合量有所不同。EB通过嵌入碱基之间而与DNA

结合，进而使双螺旋解旋，由此导致线状 DNA 的长度有所增加；另一方面，EB 能在闭环质粒 DNA 中引入超螺旋单位，使 DNA 超螺旋度大为增加，从而阻止 EB 分子的继续嵌入，但线状分子不受此限，可继续结合更多的染料，直至达到饱和(每 2 个碱基对大约结合 1 个 EB 分子)。由于染料的结合量有所差别，线状和闭环 DNA 分子在含有饱和量 EB 的氯化铯中的浮力密度也有所不同。多年来，氯化铯-溴化乙锭梯度平衡离心已成为制备大量质粒 DNA 的首选方法。然而该方法操作过程既昂贵又费时，逐渐被其他方法替代，其中最好的方法是聚乙二醇分级沉淀法，该方法最近被 R. Treisman 改进后可得到纯度极高的质粒。聚乙二醇分级沉淀法与氯化铯-溴化乙锭梯度平衡离心法有一点不同，那就是不能有效地把带切口的环状分子同闭环质粒 DNA 分开。因此纯化带切口的极大质粒(大于 15kb)时，氯化铯-溴化乙锭梯度平衡离心仍是首选的方法。

方法一：聚乙二醇沉淀法纯化质粒 DNA

(1) 将提取到的质粒 DNA 溶液转入 15ml Corex 管中，再加 3ml 用冰预冷的 5mol/L LiCl 溶液，充分混匀，用 Sorvall SS34 转头(或与其相当的转头)于 4℃下以 10 000r/min 离心 10min。

(2) 将上清液转移到另一 30ml Corex 管内，加等量的异丙醇，充分混匀，用 Sorvall SS34 转头(或与其相当的转头)于室温以 10 000r/min 离心 10min，回收沉淀 DNA。

(3) 小心去掉上清液，敞开管口，将管倒置以使最后残留的液滴流尽。于室温用 70%乙醇洗涤沉淀及管壁，流尽乙醇，用与真空装置相连的巴斯德吸管吸去附于管壁的所有液滴，敞开管口并将管倒置，在纸巾上放置几分钟，以使最后残余的痕量乙醇蒸发殆尽。

(4) 用 500μl 无 DNA 酶的胰 RNA 酶(20μg/ml)的 TE(pH8.0)溶解沉淀，将溶液转到一微量 EP 管中，于室温放置 30min。

(5) 加 500μl 含 13% (W/V)聚乙二醇(PEG 8000)的 1.6mol/L NaCl，充分混合，用微量离心机于 4℃以 12 000g 离心 5min，以回收质粒 DNA。

(6) 吸出上清液，用 400μl TE(pH8.0)溶解质粒 DNA 沉淀。用酚、酚∶氯仿、氯仿各抽 1 次。

(7) 将水相转到另一微量 EP 管中，加 100μl 10mol/L 乙醇胺，充分混匀，加 2 倍体积(约 1ml)乙醇，室温放置 10min，于 4℃以 12 000g 离心 5min，回收沉淀的质粒 DNA。

(8) 吸去上清液，加 500μl 的 70%乙醇，4℃以 12 000g 离心 2min。

(9) 吸去上清液，敞开管口，将管置于实验桌上直到最后可见的痕量乙醇蒸发殆尽。

(10) 用 500μl TE(pH8.0)溶解沉淀。1∶100 稀释后测量 OD_{260}，计算质粒

DNA 的浓度(1 OD_{260} =50μg 质粒 DNA/ml)，然后将 DNA 贮于－20℃。

方法二：氯化铯-溴化乙锭梯度平衡离心——连续梯度法

(1) 测量 DNA 溶液的体积，按 1 g/ml 的用量精确地加入固体 CsCl，将溶液加温至 30℃助溶。温和地混匀溶液直到盐溶解。

(2) 每 10ml DNA 溶液加入 0.8ml 溴化乙锭溶液(10mg/ml 溶于水)；立即将溴化乙锭溶液(漂浮在表层)与 DNA-氯化铯溶液混匀，溶液的终密度应为 1.55g/ml(溶液的折射率为 1.3860)，溴化乙锭浓度大约 740μg/ml。

(3) 室温下用 Sorvall SS34 转头(或与其相当的转头)以 8 000r/min 离心 5min，浮在溶液上面的水垢状浮渣是 EB 和细菌蛋白所形成的复合物。

(4) 用巴斯德吸管或带大号针头的一次性注射器将浮渣下的清亮红色溶液转移到 EP 管中。用轻石蜡油加满管的其余部分并封口。

(5) 以 20℃对所得的密度梯度以 45 000r/min 离心 16h(VTi65 转头)、以 45 000r/min离心 48h(Ti50 转头)、以 60 000r/min 离心 24h(Ti65 转头)，或者以 60 000r/min 离心 24h(Ti70.1 转头)。普通光照下，在梯度中心可见两条 DNA 区带，上部区带材料通常较少，由线状的细菌(染色体)DNA 和带切口的环状质粒 DNA 组成；下部区带则由闭环质粒 DNA 组成。管底部深红色的沉淀是溴化乙锭-RNA 复合物，位于 CsCl 溶液和石蜡油之间的是蛋白质。Beckman Quick-Seal EP 管中的 CsCl-溴化乙锭梯度可容纳 4mg 闭环质粒 DNA 而不至超负荷。如有更大量的质粒存在，将扩展为一条宽带，并与染色体 DNA 相重叠。这种问题只有在质粒复制达到极高水平时才会出现，只要将该质粒提取物分为 2 个梯度即可解决。如出现超负荷，可收集整个 DNA 区带，用 CsCl 溶液(ρ=1.58g/ml)将体积调到 15ml，在两个 EP 管中再度离心，使 DNA 达到平衡。

(6) 收集 DNA 带，将 21 号皮下注射针头插入管的顶端以使空气进入，为尽量减少污染的机会，首先用 18 号皮下注射针头按下述方法收集上部的区带(杂色体 DNA)：用乙醇小心擦拭管外壁以除去任何油脂，然后将一块 Soctch 胶带贴于管外壁。穿过 Soctch 胶带将 18 号皮下注射针头(其斜面向上)插入管中，以便使针头的斜面开口恰好位于染色体 DNA 区带之下并与该区带相平行。将黏稠状 DNA 收集到一次性使用的管内，用造型黏土块封住皮下注射针头的末端并将第 2 根针头留于原处。穿过 Soctch 胶带插入第 3 根皮下注射针头(18 号)，将下部的质粒 DNA 区带收集到玻璃或塑料管中。

方法三：氯化铯-溴化乙锭梯度平衡离心——不连续梯度法

该方法是将含不同浓度 CsCl 的溶液分层加到 EP 管中，这样可以加速 CsCl 梯度的形成，使离心时间减少到 6h。

(1) 将 125g CsCl 加到 167ml(pH8.0)中，制成 CsCl 溶液(ρ=1.47g/ml)。

(2) 将 8ml 氯化铯溶液加到 Beckman Quick-Seal EP 管(或与其相当的管)

中，待用。

(3) 用 TE(pH8.0)将质粒 DNA 溶液的体积精确地调到 3ml。

(4) 在质粒 DNA 溶液中加入 8.4g CsCl，将溶液加温至 30℃以促进盐溶解，小心地混匀溶液直至盐溶解。

(5) 称量溶液重量并加入 TE(pH8.0)直到溶液重量恰好达 13.2g，用天平称量时应注意去除管的重量。

(6) 加入 0.8ml EB 溶液(10mg/ml 溶于水)，快速混匀溶液直至染料均匀地分散，此时溶液体积应大约为 7.5ml。

(7) 室温下，用 Sorvall SS34 转头(或与之相当的转头)以 8 000r/min 离心 5min，浮在液面上的水垢状浮渣是 EB 和细菌蛋白所形成的复合物。

(8) 将 22.86cm 的巴斯德吸管放入装有 CsCl 的 EP 管中，吸头应接触管底。用吸管小心地将制备好的清亮红色溶液(来自浮渣之下)加入管内，使样本层位于 CsCl 溶液(1.47g/ml)之下。如有必要，可酌情将 CsCl 溶液(ρ=1.47g/ml)添满 EP 管，封口。

(9) 将封口的管(与相应的平衡管一起)放入 Beckman Ti70.1 或 Sorvall65.13 转头(或与之相当的转头)中于 20℃以 60 000r/min 离心 6h。

(10) 回收闭环质粒 DNA 区带。

【注意事项】

1. 大质粒 (大于 15kb)容易受损，故应采用温和裂解法从细胞中释放出来。将细菌悬于蔗糖等渗溶液中，然后用溶菌酶和 EDTA 进行处理，破坏细胞壁和细胞外膜，再加入 SDS 一类去污剂溶解球形体。这种方法最大限度地减小了从具有正压的细菌内部把质粒释放出来所需要的作用力。

2. 可用更剧烈的方法来分离小质粒。在加入 EDTA 后，有时还在加入溶菌酶后让细菌暴露于去污剂，通过煮沸或碱处理使之裂解。这些处理可破坏碱基配对，故可使宿主的线状染色体 DNA 变性，但闭环质粒 DNA 链由于处于拓扑缠绕状态而不能彼此分开。当条件恢复正常时，质粒 DNA 链迅速得到准确配置，重新形成完全天然的超螺旋分子。

3. 一些大肠杆菌菌株(如 HB101 的一些变种衍生株) 用去污剂或加热裂解时可释放相对大量的糖类，当随后用氯化铯-溴化乙锭梯度平衡离心进行质粒纯化时它们会惹出麻烦。糖类会在梯度中紧靠超螺旋质粒 DNA 所占位置形成一致密的、模糊的区带。因此很难避免质粒 DNA 内污染有糖类，而糖类可抑制多种限制酶的活性。故从诸如 HB101 和 TG1 等大肠杆菌菌株中大量制备质粒时，不宜使用煮沸法。

4. 当从表达内切核酸酶 A 的大肠杆菌菌株($endA^+$株，如 HB101) 中小量制备质粒时，建议不使用煮沸法。因为煮沸不能完全灭活内切核酸酶 A，以后在温育

(如用限制酶消化)时,质粒 DNA 会被降解。但如果通过一个附加步骤(用酚∶氯仿进行抽提)可以避免此问题。

5. 很多工程菌中质粒的拷贝数都非常高,以至于不需要用氯霉素进行选择性扩增就可获得高产。然而,氯霉素并不是只能增加质粒 DNA 的产量,还能降低细菌细胞在大量制备溶液中所占体积。大量高度黏稠的浓缩细菌裂解物,处理起来煞为费事,而在对数中期在增减物中加入氯霉素可以避免这种现象。有氯霉素存在时从较少量细胞获得的质粒 DNA 的量与不加氯霉素时从较大量细胞所得到的质粒 DNA 的量大致相等。

【实验提高】

前面我们介绍了几种质粒 DNA 提取分离和纯化的方法,在实际操作过程中应该根据实验的需要进行选择,但不管选择何种方法,我们都是用质粒的纯度和得率来衡量实验的效果。大多数情况下,只要我们严格按照实验步骤进行操作,提取的质粒 DNA 能满足绝大多数实验的要求。但有时候为了缩短实验时间,进一步提高质粒的得率和纯度,我们可以选择一些商品化的质粒分离纯化试剂盒。目前,市场上商品化的质粒分离纯化试剂盒都是依据质粒 DNA 分离纯化的基本实验原理,采用 DNA 制备膜技术,通过柱分离洗脱能得到高纯度的质粒 DNA。此外,还有一些具有广谱性的质粒 DNA 提取试剂盒,可以同时适用于细菌、真菌样品中质粒的提取分离,给实验操作带来了很大的便利。

【思考题】

1. 质粒的基本性质有哪些?

2. 碱法小量提取 DNA 的过程中溶液Ⅰ、溶液Ⅱ、溶液Ⅲ生化作用原理分别是什么?

3. 在碱法提取质粒 DNA 操作过程中应注意哪些问题?

实验 5　大肠杆菌感受态细胞的制备、转化和筛选

【实验目的】

1. 了解和掌握大肠杆菌感受态细胞的制备方法的原理和操作要点。

2. 了解和掌握质粒 DNA 转化大肠杆菌细胞的原理和方法。

【实验原理】

该技术是将外源 DNA 分子引入大肠杆菌细胞，使之获得新的遗传性状的一种手段，它是微生物遗传、分子遗传、基因工程等研究领域的基本实验技术。如需将质粒载体转移进受体细菌，需诱导受体细菌产生一种短暂的感受态以摄取外源 DNA。细胞经过一些特殊方法（电击法、氯化钙、RbCl/KCl 等）处理后，细胞膜的通透性发生了暂时性的改变，成为能允许外源 DNA 分子进入的细胞，即感受态细胞（competent cells）。

在实验室中感受态细胞的制备经常用到的是氯化钙法，该方法的原理是将快速生长中的大肠杆菌置于经低温预处理的低渗氯化钙溶液中，便会造成细胞膨胀（可能局部原生质体化），使细菌处于容易吸收外源 DNA 的状态。

质粒 DNA 转化大肠杆菌目前主要采用的是热激法，其原理是大肠杆菌在 0℃ 氯化钙低渗溶液中，细菌细胞膨胀成球形，转化混合物中的 DNA 形成抗 DNase 的羟基-钙磷酸复合物黏附于细胞表面，经 42℃ 短时间热激处理，使处于感受态的大肠杆菌细胞吸收 DNA 复合物，在未加抗生素的培养基上生长一段时间后，大肠杆菌细胞复原并重新开始分裂增殖。由于在被转化的细胞中，重组子基因得到表达，在含有抗生素的培养基平板上可挑选所需的转化子。

在分子生物学技术中的一类用于选择转化细菌的抗性基因，通常是一些抗生素抗性基因，比如对氨苄青霉素、四环素、氯霉素、卡那霉素以及潮霉素等具有抗性的基因，这些基因被构建在质粒载体上。这样，通过在培养基中加入特定的抗生素就可以筛选得到转化的细菌。

此外，同时将 β-半乳糖苷酶基因（*LacZ* 基因）的部分片段分别构建在质粒载体和大肠杆菌中进行转化筛选也是目前常用的筛选手段。其原理是：大肠杆菌 β-半乳糖苷酶可以和其底物 X-Gal 相互作用并且释放出一种蓝色物质，当该酶的 α-片段和 ω-片段分开时就失去了这种显色的功能。通常将编码该酶 α-片段的 *LacZ* 基因插入到载体的多克隆位点的侧翼序列中，而在一些人工构建的大肠杆菌株系中却只能编码产生该酶的 ω-片段。这样一来，含有功能完整的 *LacZ* 基因的载体导入到这类寄主细胞中时，载体编码的 α-片段就能和寄主编码的 ω-片段发生互补并

具有了对底物 X-gal 的作用功能（发生显色反应），这种现象被称为是 α-互补（*alpha*-complementation）。所以含有这类载体的菌落就很容易在含有底物 X-Gal 和诱导物 IPTG 的平板上分辨出来，因为这类菌落释放出的蓝色物质可以将整个菌落染成蓝色，非常容易辨别。把外源 DNA 片段插入到载体的选择标记基因中而使此基因失活，丧失其原有的表性特征，此方法叫插入失活。许多质粒载体 *LacZ* 基因的 α-片段上有多克隆位点，当有外源 DNA 片段插入时，产生的菌落为白色的，而未插入外源 DNA 片段的菌落为蓝色的，此筛选方式也称为蓝白斑筛选。

【实验用品】

1. 器材

恒温摇床、台式高速离心机、恒温水浴锅、电热恒温培养箱、超净工作台、微量移液枪、制冰机、试管、培养皿、1.5ml 的 EP 管。

2. 材料

大肠杆菌 DH5α（或 JM105）菌株（细胞生长密度以刚进入对数生长期时为好，可通过监测培养液的 OD_{600} 来控制。DH5α 菌株的 OD_{600} 为 0.5 时，细胞密度在 5×10^7 个/ml 左右时比较合适，不同的菌株情况有所不同。密度过高或不足均会影响转化效率）。

pUC18 质粒（或 pUC19）。

【试剂的配制】

1. LB 液体培养基配制

在配制 1L 培养基时，可先在准备好的 900ml 去离子水中分别加入：

试剂	用量/g
胰蛋白胨	10
酵母提取物	5
NaCl	10

用 1mol/L 的 NaOH 调 pH 至 7.0，而后定容至总体积为 1L，高温高压灭菌 20min。

2. LB 固体培养基配制

普通固体培养基是在液体培养基中加入 1.5%的琼脂，高温高压灭菌 20min，取出后无菌状态下倒平皿中，冷却即成；或冷却以后备用，使用时重新加热倒入平皿中。选择性培养基配制是在已经灭好菌的培养基，待其冷却至 50℃左右时加入抗生素或其他成分，摇匀后无菌操作倒入平皿中。若加入的抗生素为氨苄青霉素，浓度为 50μg/ml，即每毫升培养基中加入氨苄青霉素贮液（50mg/ml）1μl。

3. 0.1mol/L 氯化钙溶液的配制

用超纯水配制，配制完成后用 0.22μm 滤器过滤除菌，或高温高压灭菌 20min，4℃保存。

4. X-gal(5-溴-4-氯-3-吲哚-β-D 半乳糖苷)溶液的配制

用二甲基甲酰胺溶解 X-gal，配制成的 20mg/ml 的贮存液。保存于玻璃管或聚丙烯管中，装有 X-gal 溶液的试管需用铝箔封裹以防因受光照而被破坏，并应贮存于－20℃。X-gal 溶液无需过滤除菌。

5. IPTG 溶液配制

2.4g IPTG 溶于 100ml 水中，再进行过滤除菌后，即得到 100mmol/L 浓度的 IPTG 溶液，－20℃保存。

培养基中加入的 X-gal 终浓度为 40μg/ml，IPTG 为 24μg/ml。

【实验步骤】

1. 感受态细胞的制备(小量制备)

(1) 从 LB 平板上挑取新活化的大肠杆菌 DH5α 单菌落，接种于 3～5ml LB 液体培养基中，37℃下振荡培养 12h 左右，直至对数生长后期。将该菌悬液以 1∶100～1∶50 的比例接种于 100ml LB 液体培养基中，37℃振荡培养 2～3h 至 OD_{600}＝0.5 左右。

(2) 取 1ml 细菌培养物置于 1.5ml 的 EP 管中，冰浴 15min，8 000r/min，离心 1min，收集菌体，冰浴放置。

(3) 用预冷的氯化钙悬浮菌体，8 000r/min 离心 1min，收集菌体，冰浴放置。

(4) 用预冷的氯化钙悬浮菌体，冰浴 30min，8 000r/min，离心 1min，收集菌体，冰浴放置。

(5) 加入 200μl 预冷氯化钙，置 4℃冰箱 12～24h，即得可用于转化的感受态细胞。此感受态细胞可在 4℃保存 1 周，时间过长应重新配制。若要长时间保存可分装于无菌 EP 管中，加入等体积 30%的甘油，储于－70℃可保存 3 个月之久。

2. 质粒在大肠杆菌中的转化

(1) 无菌状态下取新鲜感受态细胞 100μl(或 50μl)置于无菌的 EP 管中，并立即置于冰上；或者从－70℃冰箱中取出感受态细胞悬液，冰上使其解冻，解冻后吸取 100μl(或 50μl)放入无菌的 EP 管中立即置于冰上。

(2) 加入 2μl 质粒 DNA 溶液，轻轻摇匀，冰上放置 30min。

(3) 42℃水浴中热击 90s 或 37℃水浴 5min，热击后迅速置于冰上 3～5min。

(4) 向管中加入 1ml LB 液体培养基(不含抗生素)，混匀后 37℃振荡培养 1h，使细菌恢复正常生长状态，并表达质粒编码的抗生素抗性基因(Amp^r)。

(5) 将上述菌液摇匀后取 100μl 涂布于含 Amp 的筛选平板上，正面向上放置 0.5h，待菌液完全被培养基吸收后倒置培养皿，37℃培养 16～24h。

3. 筛选

(1) 转化有质粒的大肠杆菌才能在含有抗生素的培养基上生长，并形成菌落。

(2) 如质粒中有目标基因，可用特异性引物进行 PCR 扩增来检测所挑选菌落的转化。

(3) 带有 *LacZ* 基因片段的质粒，可在培养基中加入 X-gal 和 IPTG 进行蓝白斑筛选，白色菌落为含有插入片段的转化菌落。

【注意事项】

1. 实验中各步骤均需无菌操作。
2. 实验在转化时可用无菌水代替 DNA 溶液做一个空白对照。
3. 在 4℃保存 1 周后的感受态细胞不可再用于转化。
4. 从−70℃冰箱中取出感受态细胞，剩余不用的感受态细胞要弃去，不可再冻存复用。

【实验提高】

在进行质粒 DNA 的转化时，感受态细胞质量的好坏，可直接影响到转化效率。因此，实验中可考虑改变感受态细胞制备过程中的几个因素，来确定所制备感受态细胞质量的优劣。下面是几个用于感受态细胞制备的备选方案：

备选方案一：

1. 活化的大肠杆菌 DH5α 37℃振荡培养 2～3h 至 OD_{600} =0.5 左右。
2. 取 1ml 细菌培养物置于 1.5ml 的 EP 管，8 000r/min，离心 1min，收集菌体，冰浴放置。
3. 用预冷的氯化钙悬浮菌体，8 000r/min 离心 1min，收集菌体，冰浴放置。
4. 重复 3。
5. 加入 200μl 预冷氯化钙，置 4℃冰箱 12～24h，即得可用于转化的感受态细胞。

备选方案二：

按正选方案中的步骤，但在第 1 步中改变 OD_{600} 值。

备选方案三：

按正选方案中的步骤，改变氯化钙的浓度。

备选方案四：

按正选方案中的步骤，但各步骤可改变离心力和离心时间。

备选方案五：

按正选方案中的步骤，但改变第 5 步 4℃冰箱中放置的时间。

其中备选方案一比较简单，时间较短，其他备选方案也可进行综合改变相关因素，以获得较好的实验结果。在大肠杆菌和转化实验中也可参照上述备选方案进行相关因素的改变，例如改变热激时间，是否进行冰浴等。实验中可分组进行实验，而后对照实验结果。

【思考题】

1. 感受态细胞制备过程中应注意什么？
2. 在热激以后进行活化培养，这时的培养基中为什么不加入抗生素？

实验 6　聚合酶链式反应(PCR)和 PCR 产物的纯化

【实验目的】

1. 掌握 PCR 反应的基本原理。

2. 了解 PCR 反应的优化条件和 PCR 的应用。

3. 掌握 PCR 产物纯化的方法。

【实验原理】

PCR(polymerase chain reaction,聚合酶链式反应)是一种选择性体外扩增 DNA 或 RNA 的技术。1990 年,Kary B. Mullis 发明了 PCR 技术,并因此在 1995 年荣获诺贝尔化学奖。PCR 技术使分子生物学研究一下子获得了突破,而且随着 PCR 技术的日趋完善,PCR 在人类社会生活中的应用也越来越广泛。PCR、分子克隆和 DNA 序列分析构成了现代分子生物学实验工作的基础。PCR 反应包括三个基本步骤:①变性(denature):目的双链 DNA 片段在 94℃下解链;②退火(anneal):两种寡核苷酸引物在适当温度(50℃左右)下与模板上的目的序列通过氢键配对;③延伸(extension):Taq DNA 聚合酶在最适温度下(72℃),以目的 DNA 为模板进行 DNA 合成。这三个基本步骤组成一轮循环,理论上每一轮循环将使目的 DNA 扩增一倍。这些经合成产生的 DNA 又可作为下一轮循环的模板,所以经 25～35 轮循环就可使目的 DNA 片段扩增达 10^6 倍。

【实验用品】

1. 器材

微量移液器及吸头、硅烷化的 PCR 小管、DNA 扩增仪、琼脂糖凝胶电泳所需设备(电泳槽及电泳仪)、台式高速离心机。

2. 材料

不同来源的模板 DNA。

【试剂的配制】

1. 10×PCR 反应缓冲液

一般由 Taq 酶供应商提供,并已添加适量浓度的 $MgCl_2$。

2. $MgCl_2$

25mmol/L。

3. 4 种 dNTP 混合物

每种 2.5mmol/L。

4. Taq DNA 聚合酶

5U/μl。

5. 模板 DNA

6. 其他试剂

矿物油(石蜡油),1%琼脂糖,5×TBE,酚∶氯仿∶异戊醇(25∶24∶1),无水乙醇和70%乙醇。

【实验步骤】

1. PCR 反应

(1) 依次混匀下列试剂(50μl 反应体系),短暂离心 5。

试剂	用量/μl
H_2O	35.5
PCR 反应缓冲液(10×)	5
$MgCl_2$(25mM)	4
dNTP(4 种,每种浓度 10μmol/L)	4
上游引物(引物 1)	0.5
下游引物(引物 2)	0.5
模板 DNA(约 1ng)	0.5
总体积	50

(2) 将上述反应体系混合物在 94℃下加热 5min,冰冷,短暂离心数秒,加入 Taq DNA 聚合酶(0.5μl 约 2.5U),混匀后稍离心,加入一滴矿物油覆盖于反应混合物上(带热盖 PCR 仪可不加矿物油)。

(3) 用 94℃变性 1min,45℃退火 1min,72℃延伸 2min,循环 35 轮,进行 PCR。最后一轮循环结束后,于 72℃下保温 10min,使反应产物扩增充分。

2. 琼脂糖凝胶电泳

取 10μl 扩增产物用 1%琼脂糖凝胶进行电泳分析,检查 PCR 反应产物的量及所扩增 DNA 片段的长度。

3. PCR 产物的纯化

扩增后的 PCR 产物如利用 T-Vector 进行克隆,可直接使用,如用平末端或黏性末端连接,往往需要将产物纯化。

(1) 酚/氯仿法

1) 取反应产物,加入 100μl TE 缓冲液。

2) 加等体积氯仿,混匀后用微型离心机 10 000r/min 离心 15s,用移液器将上层水相吸至新的 EP 管中,以去除覆盖在 PCR 产物表面的矿物油。

3) 用酚：氯仿：异戊醇(体积比为25：24：1)抽提2次，每次回收上层水相。

4) 在水相中加300μl 95%乙醇，置-20℃下30min。

5) 在小型离心机上10 000r/min离心10min，弃上清液。加入1ml 70%乙醇，洗涤沉淀后10 000r/min离心5min，重复洗涤沉淀1次。

6) 将沉淀溶于50μl ddH_2O中，待用。

(2) 柱离心式PCR产物纯化试剂盒法

目前市面上有不少品牌的柱离心式PCR产物纯化试剂盒有售，可以快速、有效、可靠地纯化PCR反应产物中的DNA片段。使用方法详见各供应商产品说明书。

【注意事项】

1. PCR反应一般需要设置阴性对照和阳性对照。

2. PCR产物中矿物油应尽量吸去，否则会影响提取DNA的产量。

【实验提高】

1. PCR反应中的基本成分及其对PCR反应的影响。

(1) 引物：PCR反应产物的特异性由一对上下游引物所决定。引物的好坏往往是PCR成败的关键。

(2) 4种三磷酸脱氧核苷酸(dNTP)：是PCR反应的底物

(3) Mg^{2+}：Mg^{2+}浓度对Taq DNA聚合酶影响很大，它可影响酶的活性和真实性，影响引物退火和解链温度，影响产物的特异性以及引物二聚体的形成等。

(4) 模板：PCR反应以DNA为模板进行目的片段的扩增。就模板DNA而言，影响PCR的主要因素是模板的数量和纯度。

(5) Taq DNA聚合酶：Taq DNA聚合酶的酶活性单位定义为74℃下，30min，掺入10nmol/L dNTP到核酸中所需的酶量。在100μl PCR反应中，1.5～2单位的Taq DNA聚合酶就足以进行30轮循环，所用的酶量可根据DNA、引物及其他因素的变化进行适当的增减。酶量过多会使产物非特异性增加，过少则使产量降低。

(6) 反应缓冲液：各种Taq DNA聚合酶商品都有自己特定的一些缓冲液。反应缓冲液一般含10～50mmol/L Tris·Cl(20℃下pH8.3～8.8)，50mmol/L KCl和适当浓度的Mg^{2+}。

2. PCR反应参数及调整策略。

(1) 变性：PCR反应中的变性温度与时间一般为94℃ 1min，但变性温度过高或时间过长都会导致酶活性的损失。在第一轮循环前，在94℃下变性5～10min非常重要，它可使模板DNA完全解链。

(2) 退火：引物退火的温度和所需时间的长短取决于引物的碱基组成、引物的长度、引物与模板的配对程度以及引物的浓度。实际使用的退火温度比扩增引

物的 T_m 值约低 5℃。一般当引物中 GC 含量高，长度长并与模板完全配对时，应提高退火温度。退火温度越高，所得产物的特异性越高。

(3) 延伸：延伸反应通常为 72℃。延伸反应时间的长短取决于目的序列的长度和浓度。在一般反应体系中，Taq DNA 聚合酶每分钟约可合成 2 kb 长的 DNA 片段。一般在扩增反应完成后，都需要一步较长时间(10～30min)的延伸反应，以获得尽可能完整的产物，这对以后进行克隆或测序反应尤为重要。

(4) 循环次数：当其他参数确定之后，循环次数主要取决于 DNA 浓度。一般而言 25～30 轮循环已经足够。循环次数过多，会使 PCR 产物中非特异性产物大量增加。在扩增后期，由于产物积累，使原来呈指数扩增的反应变成平坦的曲线，产物不再随循环数而明显上升，这称为平台效应。平台期会使原先由于错配而产生的低浓度非特异性产物继续大量扩增，达到较高水平。因此，应适当调节循环次数，在平台期前结束反应，减少非特异性产物。

【思考题】

1. 简述 PCR 反应的原理及在生命科学研究中的应用。
2. 如何通过优化 PCR 反应条件来提高 PCR 反应的效率和扩增特异性?
3. 谈谈酚/氯仿法和柱离心法纯化 PCR 产物的优缺点。

实验7　反转录-聚合酶链式反应(RT-PCR)

【实验目的】

1. 学习和了解 RT-PCR 方法。

2. 掌握通过 RT-PCR 法获取目的基因的原理。

【实验原理】

RT-PCR 是将 RNA 的反转录(RT)和 cDNA 的聚合酶链式扩增(PCR)相结合的技术。首先经反转录酶的作用从 RNA 合成 cDNA,再以 cDNA 为模板,扩增合成目的片段。

用于反转录的酶主要有以下几种。

(1) 莫洛尼氏白血病病毒(MMLV)反转录酶:有强的聚合酶活性,RNA 酶 H 活性相对较弱,最适作用温度为 37℃;

(2) 禽成髓细胞瘤病毒(AMV)反转录酶:有强的聚合酶活性和 RNA 酶 H 活性,最适作用温度为 42℃;

(3) *Thermus thermophilus*、*Thermus flavus* 等嗜热微生物的热稳定性反转录酶:在 Mn^{2+} 存在下,允许高温反转录 RNA,以消除 RNA 模板的二级结构;

(4) MMLV 反转录酶的 RNase H-突变体:商品名为 Superscript 和 Super-ScriptⅡ。此种酶较其他酶能将更大部分的 RNA 转换成 cDNA,这一特性允许从含二级结构的、低温反转录很困难的 mRNA 模板合成较长 cDNA。

其中最常用的是 AMV 反转录酶及具有校正功能的 MMLV 反转录酶。用于反转录的引物有 3 种类型:①随机引物,适用于长的或具有 Hairpin 构造的 RNA。包括 rRNA、mRNA、tRNA 等在内的所有 RNA 的反转录反应;②oligo(dT)引物,适用于具有 Poly $(A)^+$ Tail 的 RNA。(注意:原核生物的 RNA、真核生物的 rRNA、tRNA 以及某些种类的真核生物的 mRNA 等不具有 Poly $(A)^+$ Tail);③基因特异引物,与模板序列互补的引物,特异性强,扩增效率高,适用于已知序列。RT-PCR 的模板可以是总 RNA、mRNA 或者体外转录的 RNA 产物。

【实验用品】

1. 器材

高压灭菌锅、PCR 仪、离心机、微量移液器、电泳仪、电泳槽、紫外观测仪、EP 管及枪头、移液枪(1ml、200μl、20μl、10μl、2.5μl)、枪头(1ml、200μl、20μl)、匀浆管(5ml、2ml)、枪头盒(放置 1ml 枪头和 20μl 枪头各一个)、EP 管(1.5ml、2ml、0.2ml)、试剂瓶(4 个 60ml 的棕色试剂瓶,1 个 500ml 的白色试剂瓶)、量筒(50ml、

250 ml、500ml)、容量瓶(250ml、500ml、1 000ml)、试管架(5ml、1.5ml、20μl)、锡箔纸、三角烧瓶(带盖,稍大)。

2. 器材的处理与准备

(1) 塑料制品(包括枪头、EP 管、匀浆管等):先将 DEPC 水从容量瓶中倒入瓷缸中,将塑料制品逐个浸泡其中,其中小枪头需要吸管打入 DEPC 水,过夜,然后高压,再烤干备用,实验前将枪头等放入吸头台,再高压一次(EP 管)。

(2) 玻璃制品:酒精浸泡过夜,冲洗干净,蒙锡纸烤干备用(DEPC 水泡)(洗净后先泡 1‰DEPC 过夜,再烤干)。

(3) 匀浆器(包括剪刀、镊子):先洗净后,再高压(不需要泡 DEPC)。

3. 材料

小麦黄化苗。

【试剂的配制】

1. DEPC 水

吸出 1ml 放在 1 000ml 双蒸水中配成 0.1% DEPC 水,放在 1 000ml 容量瓶中静置 4h 备用。

2. 75%乙醇

用无水乙醇 DEPC 水配,然后放−20℃保存(其中 DEPC 水需先高压)。

3. 异丙醇

放入棕色瓶中。

4. 氯仿

放入棕色瓶中。

5. 琼脂糖

6. 缓冲液的配制

(1) TBE 缓冲液(5×):称取 54g Tris,27.5g 硼酸,并加入 20ml 0.5mol/L EDTA (pH8.0),定容至 1000ml。

(2) 上样缓冲液(6×):0.25%溴酚蓝,0.25%二甲苯青 FF,40%(W/V)蔗糖水溶液。

7. 琼脂糖凝胶的配制参见实验 3

8. 需购置的 RT-PCR 耗材

Taq 酶(含 $MgCl_2$ Buffer)、dNTP、Oligo(dT)、M-MLV、DEPC、Trizol、DNA Marker。

【实验步骤】

1. 总 RNA 的提取

(1) 取 200mg 组织,放到 1.5ml EP 管中,加入 1ml Trizol 研磨。

(2) 震荡 30s。

(3) 加 0.2ml 氯仿，剧烈摇动 30s，室温放置 3min。

(4) 12 000g，4℃离心，15min。

(5) 吸上层无色水相，移入另一 EP 管中(约 0.5ml)。

(6) 加等体积异丙醇，−20℃，静置 30min。

(7) 12 000g，4℃离心 10min。在管底部可见微量 RNA 沉淀。

(8) 弃上清液，加 75%乙醇 1ml，振荡。

(9) 7 500g，4℃离心，10min。

(10) 弃上清液，室温干燥 5～10min。

(11) 沉淀溶于 20μl DEPC 水，65℃，10min 溶解 RNA，取 1μl 加入 79μl DEPC 水测 OD_{260}/OD_{280}。

(12) 计算浓度与纯度，稀释到终浓度 1μg/μl 直接用于下面的实验。

2. 反转录合成 cDNA 第一链

(1) 按以下体系配制 RNA/引物溶液：

在 0.5ml 的无菌 EP 管中分别加入以下试剂。

试剂	用量
Poly(A)$^+$mRNA	1pg～100ng(或 Total RNA 10pg～1μg)
引物(选取一种)	20pmol
RNase-free 水	
总体积	10μl

涡旋混合后，简单离心

(2) RNA/引物溶液在 70℃下保温 10min，然后骤冷。

(3) 添加以下溶液：

试剂	用量
RNA/引物溶液	10μl
5×反转录缓冲液	4μl
RNA 抑制剂	1μl
dNTP(4 种，每种浓度 10μmol/L)	4μl
反转录酶	0.25 U
RNase-free 水	
总体积	20μl

轻缓混合。

(4) 按以下步骤进行反应。

温度	时间/min
37～42℃	30～60
98℃	5
4℃	∞

(5) 反转录产物用于下面的实验。

3. PCR 反应(以 β-actin 作为每个 RT-PCR 的内在标准)

(1) 按下表加入:

在 0.5ml PCR 管中,加入下列试剂混匀即为溶液Ⅰ。

试剂	用量
10×扩增缓冲液	5μl
dNTP	2μl
上游引物	10～50pmol
下游引物	10～50pmol
Taq 聚合酶	2.5U
加水至总体积	45μl

注:上、下游引物都包括目的序列特异性引物和 β-actin 引物。

(2) 以水代替反转录产物来检测 RT-PCR 中的 DNA 污染。

试剂/μl	对照	阳性实验样品
溶液Ⅰ	40	45
RT 产物	0	5
总 RNA 模板	1～10μl	0
双蒸水	补齐到 50μl	0

(3) 设定参数,PCR 扩增:

Step 1　94℃ 5min

Step 2　94℃ 1min,60℃ 1min,72℃ 1min,30～40 次循环

Step 3　72℃ 5min

Step 4　4℃ forever

(4) 琼脂糖凝胶电泳分析 RT-PCR 结果。

取 PCR 产物 5μl 加 6×Loading Buffer 1μl,1.5%琼脂糖凝胶电泳(120V,100mA,30min)溴化乙锭染色,凝胶成像仪成像并保存结果。

【注意事项】

1. RT-PCR 能否有效地进行,依赖于模板 mRNA 的完整性和纯度。在操作中必须具备一个无 RNA 酶的环境,实验过程中应该用消毒的 EP 管、吸液枪头、戴手套,用 DEPC 处理的水。如果要从核酸酶活性高的样品中分离 RNA 时,建议使用 RNA 酶抑制剂。

2. 在 RT-PCR 实验中,最好进行对照和空白对照反应。在进行对照反应实验时,反应体系中加入内参上下游引物;在进行空白对照反应时,则采用灭菌的无 DNA 水代替 RNA 作为模板用于反应体系。在实验中要特别注意防止各次实验之间样品与前次实验残留核酸(DNA 或 RNA)交叉污染。每次实验中扩增前的操作步骤与扩增后的操作步骤最好有相互分开的工作区和取液器具。操作中最好使用能很好防尘的吸头。操作人员要戴上手套,并经常更换。

3. 引物的退火温度:引物的一个重要参数是熔解温度(T_m)。这是当 50%的引物和互补序列表现为双链 DNA 分子时的温度。T_m 对于设定 PCR 退火温度是必需的。在理想状态下,退火温度足够低,以保证引物同目的序列有效退火,同时还要足够高,以减少非特异性结合。合理的退火温度从 55℃到 70℃。退火温度一般设定比引物的 T_m 低 5℃。

4. 镁离子浓度:在 RT-PCR 反应系统中,由 AMV 反转录酶和由 DNA 聚合酶催化的两步反应均需要镁离子,而这两步反应中所需的镁离子量由反应体系中的核苷酸、寡聚核苷酸引物及模板的终浓度决定。反应体系中硫酸镁的使用浓度必须满足模板/引物的综合需求,虽然 1～2.5mmol/L 浓度的硫酸镁能基本满足大多数 RT-PCR 的要求,但镁离子浓度更进一步精确,将使反转录和扩增过程灵敏度更高、专一性更强、质量更好。为了正确确定反应中所需镁离子的浓度,在正式实验前应先进行一系列平行实验,然后比较各实验结果,以确定镁离子浓度。

【实验提高】

由于 Oligo dT 要结合到 PolyA 尾巴上,所以对 RNA 样品的质量要求较高,即使有少量降解也会使全长 cDNA 合成量大大减少。对于序列已知的片段,可用基因特异性引物起始 cDNA 合成。

两步法 RT-PCR 比较常见,在使用一个样品检测多个 mRNA 时比较有用。然而一步法 RT-PCR 具有很多其他优点。一步法 RT-PCR 在处理大量样品时易于操作,有助于减少残余污染,因为在 cDNA 合成和扩增之间不需要打开管盖。一步法可以得到更高的灵敏度,最低可以达到 0.1pg 总 RNA。

【思考题】

1. RT-PCR 与普通 PCR 的反应体系及程序有何主要区别?
2. 导致 RT-PCR 不出现预期带的原因有哪些?
3. 如何提高 RT-PCR 的灵敏度和特异性?

实验 8　Sanger 双脱氧终止法进行 DNA 测序

【实验目的】

掌握双脱氧链终止法测定 DNA 序列的原理与方法。

【实验原理】

DNA 聚合酶催化的 DNA 链的延伸是在 3′— OH 末端进行的。由于 2′,3′双脱氧三磷酸核苷酸(ddNTP)的 3′位脱氧而失去游离—OH,当它掺入到 DNA 链后,3′— OH 末端消失,使 DNA 链的延伸反应终止。

本实验的原理是利用一种 DNA 聚合酶来延伸结合在待定序列模板上的引物,直到掺入一种链终止核苷酸为止。每一次序列测定由四个单独的反应体系构成,每个反应体系均含 4 种脱氧三磷酸核苷酸(dNTP)底物,其中一种使用放射性标记,以便进行放射自显影读序。但在这 4 个反应体系中,分别加一种低浓度的 ddNTP(ddATP、ddGTP、ddCTP 或 ddTTP),ddNTP 可随机渗入正在延伸的 DNA 链上,使链延伸反应终止。比如,存在 ddCTP、dCTP 和三种其他的 dNTP(其中一种使用放射性标记)的情况下,将引物、模板和 DNA 聚合酶一起温育,即可形成一种全部具有相同的 5′-引物端和以 ddC 残基为 3′ 端结尾的一系列长短不一片段的混合物。经变性聚丙烯酰胺凝胶电泳分离制得的放射性自显影区带图谱将为新合成的不同长度的 DNA 链中 C 的分布提供准确信息,从而将全部 C 的位置确定下来。类似的方法,在 ddATP、ddGTP 和 ddTTP 存在的条件下,可同时制得分别以 ddA、ddG 和 ddT 残基为 3′ 端结尾的三组长短不一的片段。将制得的四组混合物平行地点加在变性聚丙烯酰胺凝胶电泳板上进行电泳,每组制品中的各个组分将按其链长的不同得到分离,制得相应的放射性自显影图谱。从所得图谱即可直接读得 DNA 的碱基序列(图 8-1)。

【实验用品】

恒温加热器或恒温水浴槽、涡旋振荡器、台式高速离心机、恒功率电泳仪、测序用电泳槽(附玻板及隔离条)、移液器、微量 EP 管、胶带、剪刀、手术刀、烧杯(100ml)、锥形瓶(100ml)、注射器(50ml)、注射器针头(18 号)、滤纸(3 号)或 Whatman 滤纸(1 号)、保鲜膜、凝胶干燥器材、抽气泵、增感屏、X 光胶片、显影及定影用具。

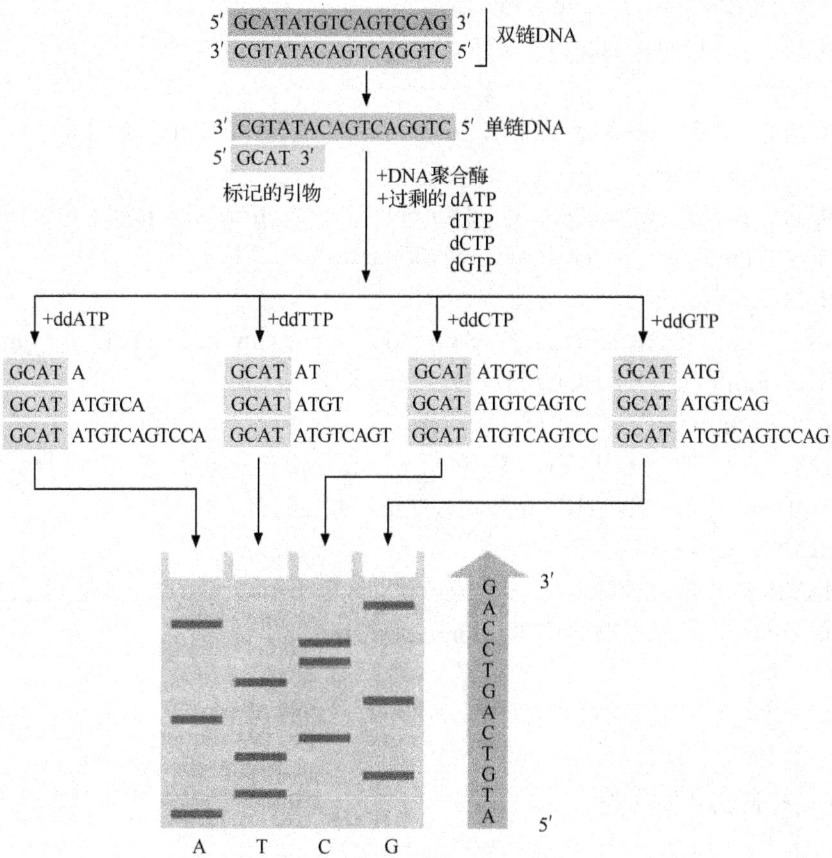

图 8-1　双脱氧终止法测序原理

【试剂的配制】

1. 退火缓冲液

1mol/L Tris-HCl(pH7.6)，100mmol/L $MgCl_2$ 和 160mmol/L DTT。

2. 通用测序引物

5′-d[CGTAAAACGACGGCCAGT]-3′，在水溶液中浓度为 5pmol/μl。

3. T_7DNA 聚合酶(8μg/μl)

在加有甘油的缓冲液中，应储于－20℃，用时吸取 1 份后迅速放回。稀释液可在 4℃保存 1 周。

4. 酶稀释缓冲液

20mmol/L Tris-HCl(pH7.5)，5mmol/L DTT，100μg 牛血清白蛋白/ml，5%甘油。

5. 标记用混合物(labelling mix)

dCTP,dGTP 和 dTTP 各 1.375μmol/L,333.5mmol/L NaCl。

6. 模板

10μg 单链 M13mpl8 DNA 在 50μl Tris-EDTA 缓冲液(pH8.0)中。

7. "A"mixshort

dCTP, dGTP 和 dTTP 各 840μmol/L, 93.5μmol/L dATP, 14μmol/L ddATP,4 0mmol/L Tris-HCl(pH7.6),50mmol/L NaCl。

8. "G"mixshort

dATP, dCTP 和 dTTP 各 840μmol/L, 93.5μmol/L dGTP, 14μmol/L ddGTP,40mmol/L Tris-HCl(pH7.6),50mmol/L NaCl。

9. "C"mixshort

dATP, dGTP 和 dTTP 各 840μmol/L, 93.5μmol/L dCTP, 14μmol/L ddCTP,40mmol/L Tris- HCl(pH7.6),50mmol/LNaCl。

10. "T"mixshort

dATP,dCTP 和 dGTP 各 840μmol/L,93.5μmol/L dTTP,14μmol/L ddTTP,40mmol/L Tris-HCl(pH7.6),50mmol/L NaCl。

11. 终止液

溴酚蓝和二甲苯腈蓝 FF 各 3%,10mmol/L EDTA(pH7.5),97.5%去离子甲酰胺。

12. 标记脱氧核苷酸

[α-^{32}P]dATP,10mci/ml,3 000ci/mmol。

13. 显影剂

14. 定影剂

【实验步骤】

1. 单链模板与引物退火

(1)用无菌蒸馏水按 1∶5 稀释通用引物(约 4.44μg/ml)。

(2)取 1.5ml 微量 EP 管 1 只,加入下列试剂:模板 DNA(1.5～2μg DNA/10μl);稀释通用引物 2μl;退火缓冲液 2μl,总体积 14μl。

2. 链延伸/终止反应

(1) 稀释 T_7DNA 聚合酶:取 2μl(或 4μl)冷的酶稀释缓冲液至 1 只微量 EP 管中,加入 0.5μl(或 1μl)T_7DNA 聚合酶,用加样器轻轻抽吸和排出而混匀,置冰浴中待用。

(2) 另取 4 只微量 EP 管,分别用记号笔标明"A"、"G"、"C"和"T"。依次将 A-Mix、G-Mix、C-Mix 和 T-Mix 液各 2.5μl 分别加入这 4 只微量 EP 管中,置 37℃预温 1min 以上(说明:4 种 mix 液各又分为 short 和 long 两种,前者中 ddNTP 浓

度较高，用于<500bp 的 DNA 片段的测序，后者用于 50～1 000bp 片段的测序。一般应用 short 即可）。

（3）标记反应：在操作（1）的微量 EP 管中加入下列试剂，模板/引物 14μl（已加入）；标记用混合物（1abelling mix）3μl；已标记混合物（1abelled mix）1 μl，T_7 DNA 聚合酶稀释液 2μl。总体积 20μl。轻轻混匀，简短离心，置室温 5min，立即接下步反应。

（4）从"标记反应"混合物中，分别取 4.5μl 加于 4 只预温的反应液中（注意：每一次转移均应换用新的吸头），轻轻混匀。简短离心，37℃保温 5min。

（5）向每只 EP 管中加入 5μl 反应终止液，混匀，简短离心。

（6）变性反应：在电泳前进行。在上述链延伸反应终止后，立即进行变性反应并电泳，如不能及时电泳，终止反应后样品可储于冰浴或 4℃。

（7）另取 4 只微量 EP 管，标好"A"、"G"、"C"和"T"。从上述每一链延伸/终止反应的试管中取 3μl，分别加入 4 只已标号的相应微量 EP 管中，75～80℃加热 2min，立即各取 1.5～2μl 点样、电泳。

3. 制备电泳凝胶及电泳

（1）制备胶模：取双块制胶玻板，先用泡沫海绵沾"洗洁精"液仔细擦洗，用水彻底淋洗，干燥后继续用酒精清洗，晾干，再用硅烷剂（repel-silane）将玻板的一面擦一遍，蒸馏水淋洗，干燥（注意：清洗时应戴一次性手套操作）。

将其中一块玻板平置台上（硅烷处理过的一面朝上），两侧各放置一条隔离条（最好选用上方厚为 0.2mm，下方厚 0.4mm 的楔形条），另取一块玻板（硅烷化处理过的一面朝下），对准放置在上述玻板上，两侧及一面边缘用胶带封严，并用文具夹夹紧，制成胶模。

（2）配制电泳凝胶：向 1 只 100ml 烧杯中加入下列试剂；20ml 20%丙烯酰胺溶液；5ml 10×TBE 缓冲液；25ml 46.7%尿素溶液。总体积 50ml（凝胶的丙烯酰胺浓度为 8%）。混匀，过滤除去不溶物，置 100ml 锥形瓶中，加入 250μl 10%过硫酸铵，50μl TEMED 混匀。

（3）注胶：立即将配好的凝胶用 50ml 注射器小心注入制好的玻板胶模中（胶模宜倾斜 45°左右），注意防止气泡，如有气泡产生，可敲击该部位玻璃，使气泡上升排除。从上面插入梳齿背，深入胶面 10～12mm。将胶模水平放置 45～60min，待凝胶聚合。

（4）电泳：凝胶聚合后，拔掉梳子，撕去玻板下缘胶带，用蒸馏水淋洗凝胶表面，以除去未聚合物质。将胶板装置在电泳槽上，上下槽加入缓冲液，注意排除凝胶下缘气泡。接通电源，40W 预电泳 45～60min。预电泳结束后，断电。插入样品梳，梳子向下插入凝胶中 3mm 左右。用缓冲液小心冲洗每一加样小槽（齿间空隔），用记号笔标明 A、G、C 和 T 4 个小槽，每槽加入变性后的链延伸/终止液

1.5～2μl。接通电源，40W 恒压，电泳至示踪染料溴酚蓝至底边时切断电源。如待测片段较长而需继续点样，则等示踪染料二甲苯腈蓝至距下缘 4～5cm 时切断电源，用缓冲液冲洗另一组 4 个加样小槽（应与前一组相隔 1～2 个加样小槽），重复上样操作，然后继续电泳至第 2 组示踪染料溴酚蓝移至玻板下缘时断电，停止电泳。

4. 放射自显影及结果分析

将凝胶板自电泳槽取下后水平放置，小心分离两块玻板，让凝胶完好地留在其中一块玻板上。可将凝胶切下一小角以示方向。

在凝胶上小心地覆盖一张厚的 3 号滤纸，移去玻板，在凝胶另一面覆盖一张保鲜膜，注意排除气泡。滤纸面朝下置凝胶干燥器中干燥。

于暗室中，将干燥的凝胶的保鲜膜面与一张 X 光底片的药膜面贴合，夹在增感屏盒中，置 70℃或室温曝光 4～16h，然后显影、定影（按所用显影及定影剂说明进行），用水漂洗、干燥。然后由下而上读序。

【注意事项】

1. 操作顺序参考表

(1) 制备电泳凝胶（可在前一天进行）。

(2) 检查实验计划及试剂。

(3) 预电泳。

(4) 预电泳的同时进行引物退火、链延伸及终止反应。

(5) 点样并电泳（根据需要可重复 1～2 次）。

(6) 固定、干燥凝胶。

(7) 放射自显影。

2. 单链 DNA 的制备

(1) 挑取单一的大肠杆菌群落加入 3ml LB 培养基中，37℃振荡培养直至 OD_{600} 光密度达到 0.8～1.0 为止。

(2) 取 200μl 上述大肠杆菌培养物，加入含有 2ml 2×YT 培养基的试管中，再将插入待测 DNA 片段的 M13 单一白色噬菌斑接种其中，在 37℃剧烈振荡培养至少 5h（不宜超过 8h）。

(3) 离心 2 次将细胞除去，将第二次离心的上清液小心转移至另一清洁试管中，4℃存放待用。

3. 单链 DNA 的分离

(1) 沉淀 M13：在上述 M13 培养物上清液中，加入 0.2 倍体积的 3.5mol/L 醋酸铵/20％多聚乙二醇溶液，颠倒混匀数次，置冰浴 30min。离心 15～30min（11 000*g*）可见白色噬菌体沉淀。小心除去上清液，可将试管倒置并吸去多余液体。

(2) 分离纯化模板：向沉淀中加入 100μl TE 缓冲液，轻轻混匀使沉淀重悬，

(以下步骤可在微量 EP 管中进行)。再加等体积酚/氯仿试剂,旋转振荡 30s,离心 1min 使分层。小心将上层液转移至另一干净 EP 管中。用酚/氯仿重复抽提一次并转移上层液。加等体积氯仿,离心,转移上层液至洁净管中,并重复 1 次。加 1/10 体积 3mol/L 醋酸钠(pH7.5)及两倍体积 100%乙醇,混合,置干冰(或－40℃冰箱)中 15min,离心 10min,除去上清液,加冰冷的 70%乙醇 1ml,离心,除去上清,于真空条件短暂干燥。加入 20μl Tris 缓冲液溶解 DNA 沉淀,储于－20℃待用。用于测序的 DNA,其 A_{260}/A_{280} 光密度比值至少应大于 1.7。

【实验提高】

核苷酸序列的读取长度和准确度取决于聚丙烯酰胺凝胶电泳的质量。最优情况下可读取 300～400bp 长的核苷酸序列。用于配胶的丙烯酰胺的浓度取决于待分析的 DNA 的长度。读取距引物 5′端 50 个核苷酸以内的序列,丙烯酰胺的浓度一般为 12%～20%;50～400bp 核苷酸之间的序列,丙烯酰胺的浓度一般为 6%;更长的序列可使用 4%～5%的凝胶来测定。

【思考题】

1. 制备聚丙烯酰胺凝胶时应该注意哪些问题?
2. 说明 DNA 测序在分子生物学研究中的重要意义。

实验 9　DNA 的限制性内切酶酶切技术

【实验目的】

1. 了解限制性内切酶的特性。

2. 掌握限制性内切酶酶解 DNA 的操作方法。

3. 掌握单酶切与双酶切操作方法上的异同。

【实验原理】

Ⅱ型限制性内切酶能识别双链 DNA 分子内部特定核苷酸的序列，并在识别位点处将双链切断，形成黏性末端或齐平末端。酶切反应需要一个理想的反应系统，要有 Mg^{2+} 作辅助因子，并要有一定的盐离子浓度，经特定反应条件后，产生大小不同的片段，通过琼脂糖凝胶电泳把酶切后的 DNA 片段混合物分离。可根据 DNA 上已知的酶切位点和预期的酶切结果，与 DNA 分子量 Marker 对比，判断酶切是否成功。

【实验用品】

1. 器材

微量移液器、恒温水浴锅、制冰机、涡旋混合器、台式离心机、电泳仪、水平式电泳槽、紫外检测仪、0.2/0.5ml EP 管、EP 管架、冰盒、吸头（10μl、200μl）、吸头盒。

2. 试剂

pUC19 质粒、重组 pUC19 质粒（*Hin*d Ⅲ和 *Bam*H Ⅰ酶切位点之间插入有外源基因片段）、限制性内切酶（*Hin*d Ⅲ，*Bam*H Ⅰ）及其相应的 10×酶切缓冲液、琼脂糖、灭菌双蒸水（ddH_2O）、上样缓冲液。

【实验步骤】

1. 单酶切

限制性内切酶反应一般进行。

(1) 配制反应体系。

在灭菌的 0.2/0.5ml 的 EP 管中加入如下成分：

pUC19 质粒	0.2～1μg
10×酶切缓冲液	2.0μl
*Bam*H Ⅰ	1～2 U
加 ddH_2O	至 20μl

（注：限制性内切酶最后加入，有些酶可能要求另加入 BSA 或 Triton X-100，根据相应说明书操作。）

(2) 涡旋混合器轻轻混匀后,经离心机 4 000～6 000r/min 快速离心 2～5s,以集中样品。

(3) 酶切条件:将 EP 管置于适当的支持物上(如插在泡沫塑料板上),放置于最适温度水浴温育一定时间,一般为 37℃水浴反应 1～3h。

(4) 终止反应(可选):65℃水浴 10～15min 终止酶切反应。

(5) 结果鉴定:取适量质粒酶切产物,加 2μl 上样缓冲液混匀,以未酶切的 pUC19 质粒作对照,琼脂糖凝胶电泳鉴定酶切结果。

2. 双酶切

(1) 配制反应体系。

20μl 反应体系如下。

试剂	用量
重组质粒 DNA	0.2～1μg
10×酶切通用缓冲液	2.0μl
*Bam*H Ⅰ	0.5～1 U
Hind Ⅲ	0.5～1 U
加 ddH_2O	至 20μl

(2)～(4) 步操作同单酶切。

(5) 结果鉴定:取适量重组质粒酶切产物,加 2μl 上样缓冲液混匀,以未酶切的重组 pUC19 质粒和酶切的 pUC19 空载体作对照,琼脂糖凝胶电泳鉴定酶切结果。

3. 大量酶切反应

在一些实验中,要求得到大量纯化的经酶切处理的片段时,可以按比例加大反应体系,比如 50～200μl。

【注意事项】

1. 实验中所用的器材均应高压灭菌,实验中用镊子夹取,防止手上的杂酶污染;开启 EP 管时,手不要接触到管盖内面,以防污染;用移液器吸不同试剂应换吸头,避免交叉污染。

2. 注意吸样量的准确性,取液时,枪头外壁不挂有液体,排液时,枪头内壁不残留液体。

3. 注意保持限制酶的活性,使用时应尽量减少其离开冰箱的时间,并要求在冰上操作;进行酶切消化时,将除酶以外的所有反应成分加入后预混合,再加入酶。

4. 用同一限制酶消化多个 DNA 样品时,应先计算所需酶的总量,取出正确的量,与适量的双蒸水和 10×限制酶缓冲液混合,配成酶混合体系,再分装到各个反应管中,以减少误差和酶液的污染机会。

5. 大多数限制酶均加50%甘油缓冲液作为保护剂，置于−20℃冰箱保存。配制反应液时应控制限制酶体积小于反应总体积的1/10，否则甘油浓度会超过5%，从而抑制限制酶活性。

6. DNA制品中污染有蛋白质、多糖、酚、氯仿、乙醇、SDS、高浓度盐离子和EDTA，均能抑制内切酶活性。

7. 加样后要注意混匀，可用移液器反复吹打几次或手指轻弹管壁，短暂离心以集中样品，避免剧烈振荡，防止底物DNA断裂。

8. 酶切反应时，要盖严管盖或者用封口膜封口，防止水进入管内造成实验失败，同时也可避免水分蒸发，改变反应体系中各成分的浓度，从而影响酶活力；反应完毕，稍离心，使盖子上的水蒸气回落。

【实验提高】

1. 酶切反应后有3种方法终止酶切反应：①一般于65℃ 10～15min灭活限制酶，此法可用于大多数最适反应温度为37℃的限制酶。②加入0.5mol/L EDTA(pH 8.0)至终浓度10mmol/L，螯合限制酶辅助因子Mg^{2+}以终止反应，或加入0.1%SDS(W/V)，使限制酶变性以终止反应。注意：如果酶切反应后还要进行其他酶反应(如连接酶等)，不得使用EDTA来终止反应。③用酚/氯仿抽提去酶蛋白，无水乙醇沉淀DNA，纯化酶切产物。

2. 若双酶切的两酶反应条件相差甚远，可采取如下方法进行：①低盐浓度的限制性内切酶首先使用，随后调节盐浓度和pH至高盐浓度的限制性内切酶的缓冲体系，再加入第二种酶继续酶切；②如果两种酶只是反应温度上的差别，可先加一种低温酶进行酶切反应，调整温度后，再加另一种高温酶进行酶切反应；③也可在第一种酶酶切反应完成后，采用乙醇沉淀，回收DNA，再建立第二种酶酶切反应体系，继续酶切。

3. 电泳后发现质粒DNA未被限制酶所酶解，这几乎总是由于在制备质粒时，去除杂质不彻底，可用酚/氯仿抽提一次去除杂质，再用无水乙醇沉淀，纯化质粒DNA后，再做酶切。

【思考题】

1. 影响限制性内切酶活性的因素有哪些？

2. 当DNA中混有其他杂质而抑制限制性内切酶的活力时，这种抑制可通过哪些方式加以克服？

3. 如何判断质粒DNA是否被完全酶切？

4. 在本实验中，如何判断质粒DNA是否被酶切完全？

5. 如果电泳后发现DNA未被完全酶切，你认为可能是什么原因？

实验 10　重组 DNA 的构建

【实验目的】

学习 DNA 重组的酶切、连接和筛选鉴定重组子的方法

【实验原理】

DNA 体外重组的基本过程包括(图 10-1)：获得目的基因；将目的基因进行必要的加工和处理并与载体 DNA 连接；将重组 DNA 引入宿主细胞；筛选与鉴定重组体克隆；表达目的基因产物及产物纯化。实现上述过程需要一些工具酶、目的基因、载体及宿主细胞(详见本章后面的【实验提高】)。

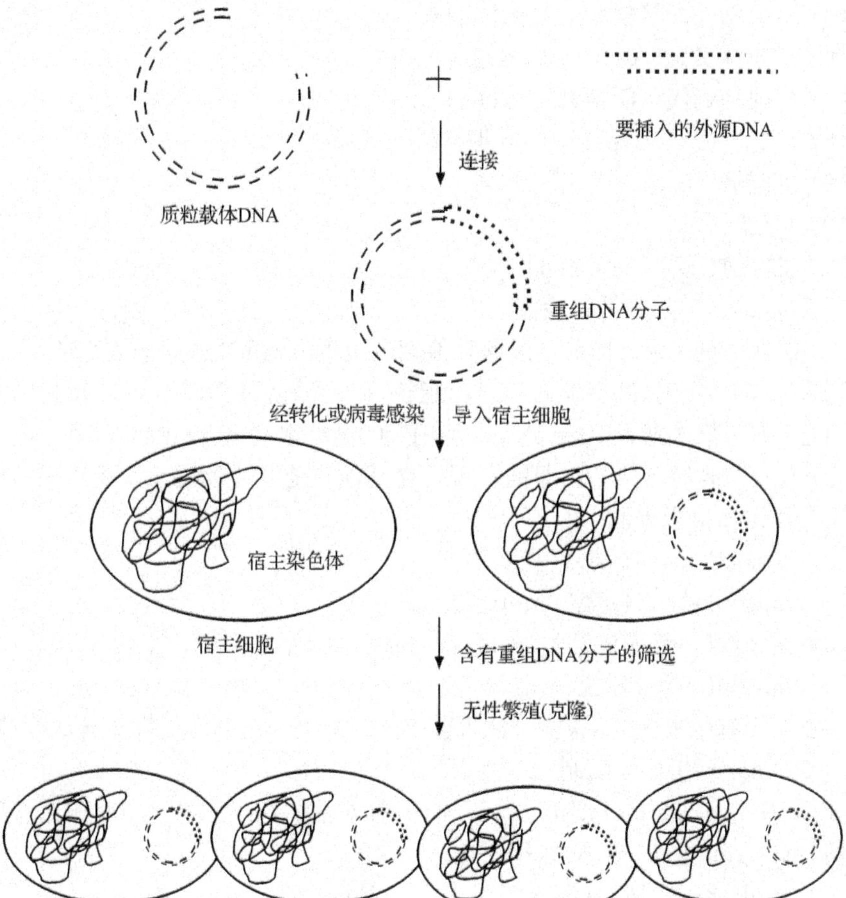

图 10-1　重组分子的合成和克隆过程

【实验用品】

1. 器材

水平电泳装置、电泳仪、水浴锅、恒温振荡器、恒温培养箱、微量移液器(10μl、200μl 和 1000μl)、凝胶成像系统、台式高速离心机、超净工作台和高压灭菌锅。

2. 材料

(1) 大肠杆菌 DH5α 或其他工程菌。

(2) 目的基因:PCR 扩增的带有相应酶切位点 DNA 或带有目的基因的 DNA 质粒,本实验以增强绿色荧光蛋白基因(*egfp*)为例。

(3) 质粒载体:含 pUC18 质粒载体的大肠杆菌或含其他商业化质粒载体的大肠杆菌。

(4) 限制性内切酶:包括①*Bam*HⅠ、*Hind*Ⅲ或其他相应限制性内切酶;②相应限制性内切酶的 10×酶切缓冲液。

(5) T4 DNA 连接酶和连接酶缓冲液。

(6) 氨苄青霉素(Amp)或其他相应抗生素。

(7) 异丙基硫代 β-D-半乳糖苷(IPTG)。

(8) 5-溴-4-氯-3-吲哚-β-D-半乳糖苷(X-gal)。

(9) 琼脂糖(agarose)。

【试剂的配制】

1. 质粒提取试剂(见实验 4)

2. LB 液体培养基(见实验 5)

3. 含 Amp 的 LB 选择平板或含其他相应抗生素的 LB 选择平板制备

每升 LB 液体培养基中加入 15g 琼脂粉,121℃高压灭菌 20min。待培养基温度降温至 60℃,依次加入 Amp、X-gal 和 IPTG 至终浓度为 50μg/ml,100μg/ml 和 200μg/ml,旋动混匀培养基立即铺平板。含其他相应抗生素的 LB 选择平板根据抗生素工作浓度要求配制。

4. 0.1mol/L CaCl2 溶液(见实验 5)

5. 50mg/ml 氨苄青霉素(Amp)配制

用灭菌水配制,无菌滤器过滤,置于−20℃冰箱保存。

6. 10mg/ml X-gal 制配

溶于二甲基甲酰胺,不需要过滤灭菌,分装成小包装,避光保存于−20℃冰箱。

7. 200mg/ml IPTG 配制

取 2g IPTG 溶于 8ml 双蒸去离子水中,补双蒸去离子水至 10ml,无菌滤膜过滤除菌,每份 1ml 置于−20℃冰箱保存。

8. TAE 电泳缓冲液(见实验 3)

9. 电泳加样缓冲液(见实验 3)

【实验步骤】

1. 载体质粒 DNA 的制备

按实验 4 的方法提取 pUC18 质粒载体 DNA。

2. 目的 DNA 的获得

(1) 按照实验 6,进行目的片段的 PCR 扩增并纯化,需要注意引入适当的限制性酶切位点序列。本实验以通过 PCR 扩增的 *egfp* 基因序列为目的片段,并在设计引物时上游引入 *Bam*H Ⅰ 限制性酶切位点,下游引入 *Hind* Ⅲ 限制性酶切位点。

(2) 也可以选择按照实验 9 从含有目的 DNA 序列的质粒载体中获得,需要注意使用适当的限制性内切酶进行目的 DNA 序列的选取。

3. 载体质粒 DNA 和目的 DNA(*egfp*)的双酶切及纯化回收

(1) 双酶切反应(方法同实验 9)。

1) 在灭菌的 EP 管中,按表 10-1 配制双酶切反应体系 20μl:

表 10-1　双酶切反应体系

管号	10×Buffer（酶切缓冲液）	ddW（双蒸水）	*Bam*H Ⅰ	*Hind* Ⅲ	DNA
A	2μl	10μl	1μl	1μl	6μl　pUC18 质粒载体
B	2μl	0μl	1μl	1μl	16μl　*egfp* 的 PCR 纯化产物

2) 37℃恒温水浴锅内保温 3h。

(2) 酶切产物的纯化和回收。

1) 用 0.8%～1.0%的琼脂糖凝胶电泳检测 egfp DNA 和载体 DNA 片段的酶切结果。

2) 参照实验 6,分别进行载体 DNA 片段和目的 DNA 片段的酶切产物的切胶纯化回收。

3) 各取少量胶回收产物,采用琼脂糖凝胶电泳检测目的片段与载体片段的相对浓度,或采用微量分光光度计对二者的浓度进行定量检测。

4. 载体与目的 DNA(*egfp*)的连接

(1) 在灭菌的 EP 管中,按下列参数准备连接反应体系 10μl:

T4 DNA 连接酶(ligase)	1μl
10×连接酶缓冲溶液(ligase buffer)	1μl
载体 DNA	xμl
目的 DNA 片段	yμl
加 ddH_2O	至 20μl

(其中载体 DNA 与目的 DNA 片段的摩尔数比应控制在 1∶3～1∶10)

(2) 在 14℃保温反应 12h,或 4℃保温反应 16～20h。

5. 感受态细胞的制备和连接产物的转化

(1) 制备大肠杆菌 DH5α 的感受态细胞。

参照实验 5 制备 DH5α 的感受态细胞,每 100μl 分装到 1.5ml 的 EP 管中。

(2) 连接产物的转化(参照实验 5)。

1) 取 5μl 连接产物加入到含有 100μl 的感受态细胞中,冰水浴 30min;

2) 热激 42℃保温 90s,冰浴 2min;

3) 加入 800μl 的 LB 培养基,置 37℃恒温摇床 150r/min 慢摇复苏 45min;

4) 将复苏菌液 4 000r/min 离心 1min,留取 50～100μl 上清液,弃掉多余上清液,再将细胞吹散成细胞悬液,直接涂布在含有 Amp 50μg/ml,X-gal 100μg/ml 和 IPTG 200μg/ml 的 LB 选择平板上,待平板上液体全部被吸收。

5) 倒置平板置 37℃恒温培养 16～20h 出现菌落。

6. 重组子的鉴定

(1) 经第 5 步 37℃恒温培养 16～20h 后出现菌落,其中白色菌落可能为含有重组子 pUC18-egfp 质粒的菌株,而蓝色菌落则为不带有重组子的菌株(图 10-2)。

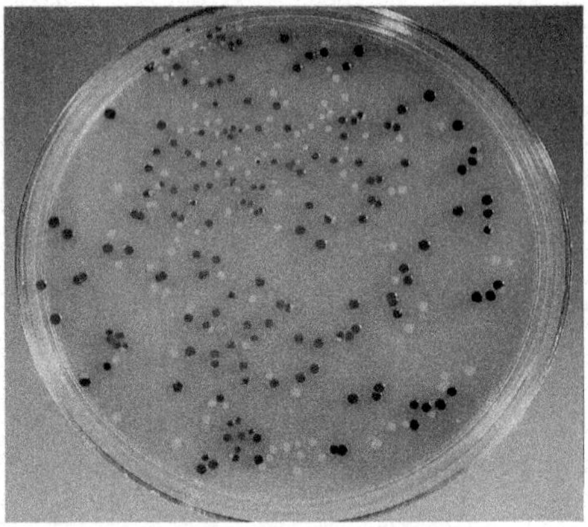

图 10-2 蓝白斑筛选平板结果

白色菌落可能为含有重组分子的菌落;蓝色菌落可能为只含有空载体的菌落

(2) 超净台内挑取 6～10 个白色单菌落分别接入到 3ml 含有 50μg/ml Amp 的 LB 液体培养基中,编号标记,37℃ 225r/min 震荡培养 16～20h。

(3) 按实验 4 的方法提取各菌株的质粒 DNA,用 20μl TE 溶解质粒,编号标记。

(4) 按照本实验中的步骤(3)的方法,进行质粒的 *Bam*H Ⅰ 和 *Hind*Ⅲ双酶切。

(5) 酶切完成,用 1%琼脂糖凝胶电泳检测重组质粒和它的酶切产物。

【注意事项】

1. 配制反应体系时,最后加酶。

2. 在配制 PCR、酶切、连接等反应体系时,要求在冰上操作,并充分混匀。

3. 开启 EP 管时,手不要接触到管盖内面,以防污染。

4. 酶切时所加的 DNA 溶液体积不能太大,否则 DNA 溶液中其他成分会干扰酶反应。

5. 酶活力通常用酶单位(U)表示,酶单位的定义是:在最适反应条件下,1h 完全降解 1mg λDNA 的酶量为一个单位,但是许多实验制备的 DNA 不像 λDNA 那样易于降解,需适当增加酶的使用量。反应液中加入过量的酶是不合适的,除考虑成本外,酶液中的微量杂质可能干扰随后的反应。

6. 制备感受态细胞的全部操作均须于冰浴低温操作,同时注意无菌操作,防止感受态细胞受杂菌污染。

7. 42℃热处理时间很关键,转移速度要快,且温度要准确,同时注意热处理过程中 EP 管不要摇动。

8. 通常 DNA 插入片段与载体 DNA 的摩尔比为 3∶1 或 2∶1,需根据 DNA 分子量计算,而不取决于浓度;平齐末端连接时,插入片段的量要远远大于载体 DNA 的量,可以为 5∶1 或更多,即使这样,连接效率仍然很低。

【实验提高】

实现重组 DNA 技术需要一些工具酶、目的基因、载体及宿主细胞。

1. 限制性核酸内切酶:是一类识别 DNA 的特异序列并在识别位点切割双链 DNA 的内切酶,常用于重组 DNA 技术中目的基因和载体 DNA 的特异切割,切割后的 DNA 可产生 5′突出或 3′突出的黏性末端或平头末端。

2. DNA 连接酶:一般采用 T4 噬菌体 DNA 连接酶,其具有将两个带有相同黏性末端的 DNA 分子连在一起的功能,也能使两个平末端的双链 DNA 分子连接起来,但这种连接的效率比黏性末端的连接效率低,一般可通过提高 T4 噬菌体 DNA 连接酶浓度或增加 DNA 浓度来提高平末端的连接效率。T4 噬菌体 DNA 连接酶催化 DNA 连接反应分为 3 步。首先,T4 DNA 连接酶与辅助因子 ATP 形成酶-AMP 复合物;然后,酶-AMP 复合物再结合到具有 5′磷酸基和 3′羟基切口的 DNA 上,使 DNA 腺苷化;最后,产生一个新的磷酸二酯键,把切口封起来。

3. 目的基因:在重组 DNA 技术中要分离获得的感兴趣的基因,又称为外源 DNA。目的基因有两种类型,即 cDNA 和基因组 DNA。获得目的基因的途径主要有化学合成、反转录合成、从 cDNA 文库或基因组 DNA 文库中筛选、PCR

扩增。

4. 基因载体：是携带目的基因、实现目的基因无性繁殖或表达有意义的蛋白质所采用的 DNA 分子。分为克隆载体和表达载体。可用作基因载体的有：质粒 DNA、噬菌体 DNA 和病毒 DNA。克隆载体应具备以下基本特征：自我复制能力、具有筛选标志基因和多个限制性核酸内切酶的单一位点等。表达载体除具有以上特征外，还应具有启动子等转录调控序列、适当的翻译控制序列、合理设计的多克隆位点等。

5. 宿主细胞：是容纳重组 DNA 分子，使其在自身内复制或表达的受体细胞。可为原核细胞或真核细胞。将重组 DNA 分子导入宿主细胞内的方式有转化、转染和感染。

6. 阳性菌落筛选：重组质粒转化宿主细胞后，还需对转化菌落进行筛选鉴定。利用 α 互补现象进行筛选是最常用的一种鉴定方法。现在使用的许多载体都具有一段大肠杆菌 β-半乳糖苷酶的启动子及其 α 肽链的 DNA 序列，此结构称为 *lac Z′*基因。*Lac Z′*基因编码的 α 肽链是 β-半乳糖苷酶的氨基端的短片段(146 个氨基酸)。宿主和质粒编码的片段各自都不具有酶活性，但它们可以通过片段互补的机制形成具有功能活性的 β-半乳糖苷酶分子。*Lac Z′*基因编码的 α 肽链与失去了正常氨基端的 β-半乳糖苷酶突变体互补，这种现象称为 α 互补。由 α 互补而形成的有功能活性的 β-半乳糖苷酶，可以用 X-gal(5-溴-4-氯-3-吲哚-β-D-半乳糖苷)显色出来，它能将无色的化合物 X-gal 切割成半乳糖和深蓝色的底物 5-溴-4-靛蓝。因此，任何携带着 *lac Z′*基因的质粒载体转化了染色体基因组存在着此种 β-半乳糖苷酶突变的大肠杆菌细胞后，便会产生出有功能活性的 β-半乳糖苷酶，在 IPTG(异丙基硫代 β-D-半乳糖苷)诱导后，在含有 X-gal 的培养基平板上形成蓝色菌落。而当有外源 DNA 片段插入到位于 *lac Z′*中的多克隆位点后，就会破坏 α 肽链的阅读框，从而不能合成与受体菌内突变的 β-半乳糖苷酶相互补的活性 α 肽，而导致不能形成有功能活性的 β-半乳糖苷酶，因此含有重组质粒载体的克隆往往是白色菌落(图 10-2 和图 10-3)。

【思考题】

1. 简述在 $CaCl_2$ 法制备感受态细胞转化 DNA 时，影响转化效率的各种因素。

2. $CaCl_2$ 法制备感受态细胞转化 DNA 时，低温的主要目的是什么？热休克温度和目的是什么？

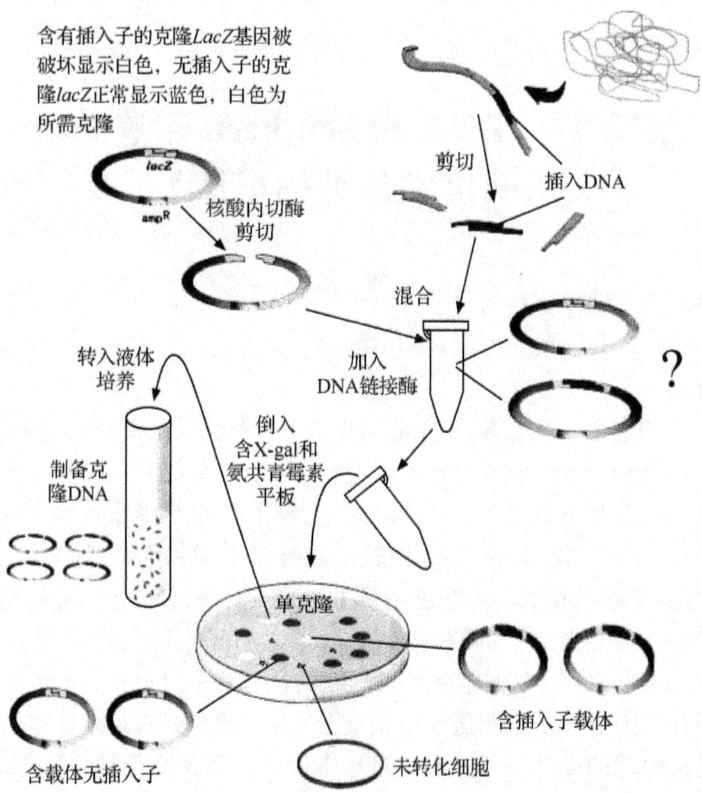

图 10-3　蓝白斑筛选过程

实验 11　DNA 的 Southern 印迹分析（同位素探针标记法）

【实验目的】

1. 熟悉 DNA 的印迹技术。
2. 掌握 DNA 分子杂交的原理和方法。

【实验原理】

Southern 印迹是一项在复杂的基因组 DNA 背景中识别特异性 DNA 序列的技术方法。它是 Southern 于 1975 年首次建立，至今该方法没有多大的改动，唯一明显的改变是用尼龙膜（nylon membrane）代替了硝酸纤维素滤膜（nitrocellulose filter membrane，NC 膜），因为尼龙膜较硝酸纤维素膜易于处理，对 DNA 结合效率高而且牢固，特别是在低离子强度的缓冲液中对于相对分子较小（50bp）的核酸链仍有较强的结合能力，而且同一张尼龙膜可以用于不同的探针进行多次杂交。该技术方法的基本原理是：具有一定同源性的两条单链 DNA 片段在一定条件下可按碱基互补原则退火形成双链核酸杂交分子，这时杂交的双方分别是待测 DNA 分子和同位素标记的探针。通过放射自显影可以检测杂交信号并确定杂交分子在膜上的具体位置。此杂交过程是高度特异性的。

首先将经限制性内切酶酶解的 DNA 片段，经过琼脂糖凝胶电泳按大小分离后，使 DNA 在凝胶的原位上发生变性（通过变性剂使双链变成单链），再通过毛细管作用、电转移或真空转移的方法将凝胶中的 DNA 转移到一固相支持体（如硝酸纤维素膜或尼龙膜）上。DNA 在转移到固相支持体的过程中，各个 DNA 片段的相对位置保持不变，将固定在硝酸纤维素滤膜或尼龙膜上的 DNA 片段与用同位素（^{32}P）、酶或荧光等标记的单链 DNA 或 RNA 探针杂交，最后经过放射自显影、显色等方法显示与探针互补的电泳条带的位置，如图 11-1 所示。

【实验用品】

1. 器材

电泳仪、尼龙膜、硝酸纤维素滤膜、Parafilm 膜、恒温水浴锅、电子天平、制冰机、杂交仪、杂交瓶、pH 计、烤箱、量筒（10ml、100ml、500ml、1 000ml）、烧杯（50ml、100ml、500ml、1 000ml）、玻璃棒、镊子、剪刀、微量移液器（1 000μl、200μl、20μl），吸头（1 000μl、200μl）、1. 5ml EP 管、一次性手套、直径 30cm×20cm 方形盆、Whatman 3MM 滤纸、20cm×15cm 玻璃板、吸水纸、裁纸刀、刀片、400g 重物、X 光片及 X 光片夹。

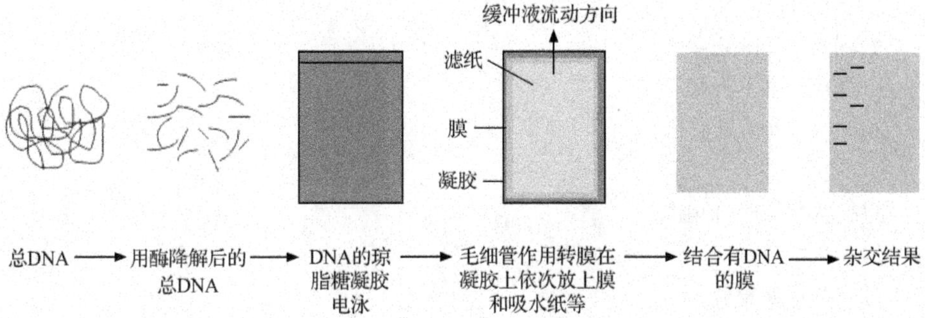

图 11-1　Southern 印迹分析原理

2. 材料

4 种 dNTP(其中一种为[α-^{32}P] dCTP)、DNA 聚合酶 Ⅰ 大片段(Klenow 酶)、随机引物、pUC 19 质粒 DNA。

【试剂的配制】

1. 琼脂糖

2. 标准相对分子量 DNA

最好能涵盖 23×10^3～200×10^{3}的范围。

3. 50×TAE 电泳缓冲液母液(5mL)

试剂	用量
Tris 碱	12.1g
冰醋酸	2.85ml
0.5mol/L EDTA(pH 8.0)	5ml

4. 6×DNA 电泳上样液

试剂	用量
溴酚蓝	0.25 %
蔗糖	40 %(W/V)

5. 溴化乙锭(EB)(10mg/ml)

将 EB 配置成 10mg/ml 的母液,用锡箔纸或黑纸包裹容器瓶,储存在室温,EB 为强诱变剂并有中等毒性,操作时务必戴一次性手套,以防止造成污染,可以用次磷酸或高锰酸钾处理含有 EB 的溶液和胶。

6. HCl

0.25mol/L 和 0.3mol/L 的各 500ml。

7. NaOH

3mol/L,500ml。

8. Tris-HCl (pH 7.0)

2mol/L,200ml。

9. SDS

2% (W/V) 100ml。

10. 甲酰胺

11. 硫酸葡聚糖

12. 灭菌去离子水

13. 小牛胸腺 DNA

100mg DNA 溶在 10ml 水中,超声波 2min,煮沸 3min 后置于冰上。

14. 预杂交液

试剂	用量
甲酰胺	50 %
SDS	1%(W/V)
NaCl	1mol/L
硫酸葡聚糖	10%
小牛胸腺 DNA	0.01%

15. 变性液(500ml)

试剂	用量/(mol/L)
NaCl	1.5
NaOH	0.5

16. 中和液(1 000ml)

试剂	用量/(mol/L)
NaCl	3
柠檬酸钠	0.3

17. 20×SSC(2 000ml,pH 7.0)

试剂	用量/(mol/L)
NaCl	3
柠檬酸钠	0.3

【实验步骤】

1. pUC19 质粒按质粒提取的方法进行提取。

2. 质粒 DNA 的琼脂糖凝胶电泳(需要戴上手套进行操作)

(1) 将 50×TAE 缓冲液稀释 50 倍,即为 1×TAE。

(2) 用 1×TAE 缓冲液配置 50ml 1%琼脂糖凝胶。称取 0.5g 琼脂糖于锥形瓶中,加入 50ml 1×TAE 缓冲液,微波炉加热至琼脂糖完全熔化,摇匀,待胶冷却至 60℃左右,加入 10mg/ml 的 EB 母液至终浓度为 0.5μg/ml,倒模制胶。

(3) 上样:被检测样品、对照样品、DNA marker 依次根据预先设计好的上样顺序加样于琼脂糖凝胶块上的加样孔中,此处要注意加样量的多少(要检测每个样品中的 DNA 含量,明确上样量。对于克隆片段的限制性酶切产物,取 0.1～0.5μg,对于鉴定基因组 DNA 中单拷贝基因,需要加样 10～20μg DNA),并做好记录。

(4) 电泳:先用 20 V 电压使样品进入凝胶,然后再用 5V/cm 胶长恒压电泳。当溴酚蓝染料移动到距离胶前沿约 1cm 时,停止电泳(对大于 10kb 的 DNA,上样 2min 以后,等 DNA 在上样孔内分布均匀后再电泳)。

(5) 将电泳好的凝胶放在紫外仪上观察电泳结果,如果电泳条带清晰(可以看到橘黄色荧光条带),给凝胶照相,继续下一步操作。

3. 凝胶中 DNA 转膜前的变性处理(此步操作务必戴上手套进行,切记!)

(1) 用刀片小心将未用过的凝胶切去,将凝胶切去一角以明确上样的顺序,然后将凝胶移至盘里。

(2) 将胶置于 300ml 0.25mol/ml HCl 中,目的是为了将 DNA 部分脱嘌呤。如果 DNA<1 kb 此步可以省略。室温下 30r/min 缓慢摇动 15min。当溴酚蓝由蓝色转变成橘黄色即停止。

(3) 用 300ml 蒸馏水漂洗 1min,重复 1 次。

(4) 在室温下将凝胶浸泡在 300ml 变性液中,此步目的是为了 DNA 变性,即使 DNA 双链变性成单链,30r/min,40min。

(5) 用 300ml 蒸馏水漂洗 1min,重复 1 次。

(6) 在室温下将凝胶转到另一个盘中,用 300ml 中和液浸泡,30r/min,离心 30min。此步目的是为了中和。

(7) 重复步骤(6)1 次。

(8) 用 300ml 蒸馏水漂洗 1min,重复 1 次。

4. DNA 转膜(此步操作也务必戴上手套进行,切记!)(图 11-2)

(1)取一个 30cm×20cm 的方盘,里面倒上适量的 20×SSC 溶液,在盘中央放上方形支持物,支持物的表面积与凝胶大小适当,表面平滑,且比方盘面积小(20×SSC 溶液的用量应该在其液面低于支持物表面 2cm 左右为宜,如图 11-2 所示)。在支持物上铺两张用 20×SSC 溶液预湿的 Whatman 3MM 滤纸,滤纸的宽与支持物同宽,滤纸的两个边垂入 20×SSC 溶液中,以便使溶液能不断地吸到滤纸上,注意可以用玻璃棒在滤纸上滚动以赶尽气泡，使滤纸与支持物表面紧贴，滤纸切记不要用手直接接触。

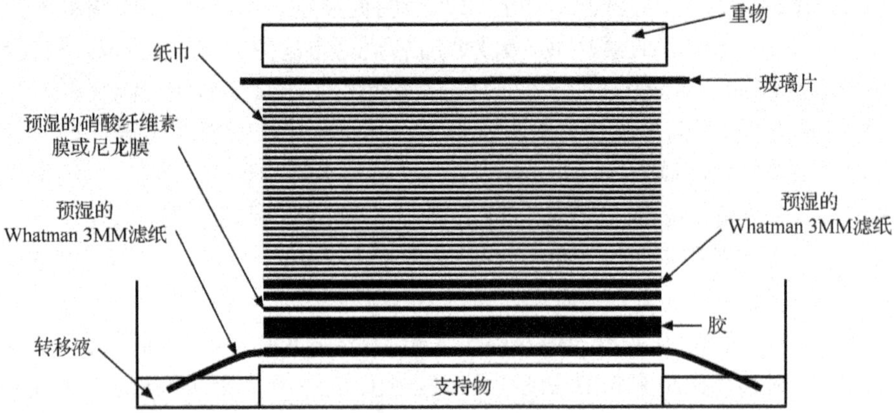

图 11-2　上行毛细管转移系统(萨姆布鲁克和拉塞尔，2005)

(2) 将中和处理好的凝胶小心滑到已用 Whatman 3MM 滤纸铺好的支持物表面中央，用玻璃棒赶尽凝胶与滤纸之间的气泡。

(3) 将尼龙膜或硝酸纤维素膜剪裁成凝胶大小，并在相应的位置剪掉一个角以做好标记，然后用重蒸水浸湿，再转入 20×SSC 溶液浸泡约 30min 对膜进行预湿(膜的预湿步骤必须做，否则膜不能使用)，注意切记不要用手直接触摸尼龙膜或硝酸纤维素膜。

(4) 用镊子小心地将预湿的尼龙膜或硝酸纤维素膜准确放置在凝胶上，切记膜一旦放上凝胶 DNA 便已开始转移，所以此时不能再移动膜了。

(5) 用玻璃棒仔细赶掉一切存在于尼龙膜或硝酸纤维素膜与凝胶之间的气泡，用 Parafilm 膜将凝胶的四周封好，以便盘中的转膜缓冲液只能通过尼龙膜或硝酸纤维素膜转到吸水纸上，不能通过其他途径到吸水纸。

(6) 在膜上盖上两张与膜同样大小的 Whatman 3MM 滤纸，再次赶尽气泡。

(7) 预先剪裁一叠大小一致的吸水纸，吸水纸大小略比膜小 2mm。将吸水纸压在滤纸上，6～8cm 厚。

(8) 在吸水纸上放置一块大小合适的方形玻璃板，玻璃板中央放置一个约 400g 的重物(注意重物不可太重，因为转移是靠毛细管作用，重物过重会将凝胶压扁而导致杂交条带变宽)。

(9) 让凝胶上的 DNA 转移约 10h 或过夜。

(10) 将膜与凝胶剥离，在结合有 DNA 的一面做好标记，并明确膜上样品的顺序。凝胶用 EB 染色后观察(胶上应该无橘黄色荧光条带，说明 DNA 转移完全)。弃去胶，把膜浸泡在 6×SSC 溶液中，约 5min 后取出。

(11) 将膜夹在 4 层 Whatman 3MM 滤纸中,置 80℃烘箱中烘烤 2h,如果不马上使用,可用铝箔包好室温下置于真空中保存。

5. 探针制备(此步操作也务必戴上手套进行,切记!)

(1) 取 20～100μg 模板 DNA 加水至 45μl,100℃变性 10min,迅速插入冰中。

(2) 下列操作均需要在同位素防护下进行。

准备一个微量 EP 管置于冰上,依次加入下列试剂。

试剂	用量
标记 5×buffer	10μl
dATP · dGTP · dTTP 混合物	2μl
变性的 DNA 模板	1.5μl
特异引物(或通用引物)	5pmol
不含核酸的 BSA	2μl
[α-^{32}P] dCTP (10U/μl)	5μl
Klenow 酶(5U/μl)	1μl
加 ddH_2O	至 50μl

(3) 用离心机轻轻摇匀,然后在室温下标记 3h(放置于同位素室)。

(4) 终止:将完成标记后的反应物煮沸 2min,立即放入冰浴中。加入 5μl 4mol/L EDTA 后,冷藏(－20℃)或直接用于杂交。

6. 杂交和洗膜(此步操作也务必戴上手套进行,切记!)

(1) 探针变性:如果探针是双链 DNA,则需要变性处理。一般将 DNA 样品在沸水浴中加热 5min,然后迅速置于冰浴中。也可用碱变性,即室温下加入 0.1 倍体积的 3mol/L NaOH,5min 后置于冰浴中,加入 0.05 倍体积的 1mol/L Tris · Cl(pH 7.2)和 0.1 倍体积的 3mol/L HCl。

(2) 预杂交:将膜放入杂交瓶中,按照 1cm^2 膜加入 200μl 标准预杂交液中,42℃ 1h(预杂交液中的硫酸葡聚糖微粒表面可吸附 DNA 探针,增大 DNA 接触面,有利于杂交反应,变性小牛胸腺 DNA 能将非特异性 DNA 序列封闭,减少杂交时的背景干扰,从而使背景更清晰)。

(3) 杂交:将 100～200ng 变性的单链探针加入杂交瓶中,42℃过夜(10～16h)。

(4) 洗膜:取出膜浸泡在 25ml 的 2×SSC＋0.5 %(V/V)SDS 溶液,室温 80r/min,5min。重复一次。

(5) 取出膜浸泡在 25ml 2×SSC＋1%(V/V)SDS 溶液中,65℃ 80r/min,20min。再重复两次。

(6) 取出膜浸泡在 25ml 0.1×SSC＋1%(V/V)SDS 溶液中,42℃ 80r/min,

20min。再重复两次(洗膜的目的是将尼龙膜或硝酸纤维素滤膜上未与 DNA 杂交的及非特异性杂交的探针分子从膜上洗去,洗膜的温度和时间、盐离子浓度可以灵活掌握)。

7. 放射自显影

用 X 光片在 X 光片夹(暗盒)中进行放射自显影,－70℃曝光 7～10d。

【注意事项】

1. 整个实验操作过程中务必戴上手套进行操作。

2. 使用同位素时应该严格做好个人防护,防止同位素对实验室的各种设施以及对环境的污染。接触了同位素的废弃物,如一次性手套、吸头、EP 管、各种溶液应该归入专门的容器内封存,以便日后统一分批次处理。

3. 实验完成后应认真清洗双手,用射线探测仪检测全身衣物,确定没有放射污染,方可脱去工作服离开实验室。

【实验提高】

用地高辛标记探针的 DNA Southern 印迹分析更为安全。

【思考题】

1. Southern 印迹试验中转移 DNA 之前为什么要对胶做酸碱处理?
2. 转膜完成后如何确定 DNA 已经完全转移到膜上?
3. 杂交前为什么要对双链探针进行变性处理?
4. 预杂交液中加入硫酸葡聚糖和小牛胸腺 DNA 各有什么作用?
5. 在杂交过程中为什么要选择合适的杂交温度?

实验 12　Northern Blot 分析 RNA

【实验目的】

掌握 Northern 杂交原理。

【实验原理】

Northern 杂交(Northern blot)是利用 DNA 探针可以与有同源序列的 RNA 进行分子杂交的特点来分析检测特异性 RNA 的技术，其广泛用于分析组织或器官中某种 RNA 的分布及表达，是研究细胞内基因表达的基本方法。1979 年，J. C. Alwine 等提出将电泳凝胶中的 RNA 转移到叠氮化或其他化学修饰的活性滤纸上，通过共价交联作用使它们结合，再用探针 DNA 检测特异性 RNA 的表达。因其方法同 Southern 杂交十分相似，故称之为 Northern 杂交。首先将 RNA 混合物进行琼脂糖凝胶电泳分离，然后转移到固相介质如尼龙膜或硝酸纤维素膜上，再与标记好的 DNA 探针杂交、显色检测，通过杂交结果可以定性或定量检测 RNA 混合物中能与特异性 DNA 探针结合的 RNA，从而推断某种组织或器官中某种 RNA 的分布及表达。

【实验用品】

1. 器材

水平电泳槽、电泳仪、杂交炉、微波炉、紫外透射仪、烘箱、UV 交联仪、水平摇床。

2. 材料

制备好的总 RNA、标记的 DNA 探针、琼脂糖、标准分子量 RNA、甲醛、焦碳酸二乙酯(DEPC)、大号培养皿、尼龙膜、滤纸、吸水纸、玻璃板、500g 重物、暗盒、烧杯、量筒、塑料盒、镊子、刀片。

【试剂的配制】

1. DEPC 水

量取去离子水 2L，在通风橱中加入 2ml DEPC，配制终浓度为 0.1%的 DEPC 水。迅速盖上盖子后混匀，然后在摇床中速摇荡至少 4h，再 121℃灭菌 20min 备用。

2. 10×甲醛凝胶电泳加样缓冲液

50%甘油，10mmol/L EDTA，0.25%溴酚蓝。

3. 10×MOPS(吗啉代丙烷磺酸)电泳缓冲液(0.2mol/L MOPS，20mmol/L 醋酸钠，10mmol/L EDTA)

称取 3.4g NaAC · $3H_2O$ 放入 1 000ml 烧杯中，加入 400ml DEPC 处理过的

去离子水，加入搅拌子，放在磁力搅拌器上溶解。然后加入 20.9g MOPS，放在磁力搅拌器上溶解。再加 1.86g EDTANa$_2$ · 2H$_2$O，放在磁力搅拌器上溶解。用 1mol/L 灭过菌的 NaOH 调 pH 至 7.0（约用 NaOH 40ml），用 DEPC 处理过的去离子水定容至 500ml，装入棕色瓶中，室温避光保存备用。

4. 甲醛琼脂糖凝胶

含甲醛 2.2mol/L，称取 1.5g 琼脂糖，加入 ddH$_2$O 72ml，在微波炉上溶解琼脂糖，溶液冷却到 55℃时加入 10ml 10×MOPS 电泳缓冲液和 18ml 甲醛（注意：必须在通风橱中灌制凝胶）。

5. 转移缓冲液

0.01mol/L NaOH，3.0mol/L NaCl。

6. 20×SSC

3mol/L NaCl，0.3mol/L 柠檬酸三钠。称取 175.3g NaCl，88.2g 柠檬酸三钠 · 2H$_2$O，溶于 800ml 蒸馏水中，用 1mol/L HCl 调 pH7.0，最后定容到 1000ml。

7. SSC 缓冲液（0.5×SSC，1×SSC，6×SSC，10×SSC）

由 20×SSC 稀释而成。

8. 预杂交液，50ml

30ml DEPC 水，3.5g SDS，2.45g Na$_2$HPO$_4$ · 12H$_2$O，0.38g（0.494g）NaH$_2$PO$_4$（NaH$_2$PO$_4$ · 2H$_2$O），100μl 0.5mol/L EDTA，0.5g BSA，去离子甲酰胺 7.5ml，加去离子水定容至 50ml。

【实验步骤】

1. RNA 变性

2μl（约 20μg）RNA 样品，加入 2.5μl 甲醛，7.5μl 甲酰胺，2μl 10×MOPS 电泳缓冲液，2μl 10×甲醛凝胶电泳加样缓冲液，4μl 灭菌的 DEPC 水，65℃水浴 5min，冰上骤冷备用。

说明：RNA 变性的目的是为了破坏其高级结构（二级或三级结构）。

2. RNA 甲醛琼脂糖凝胶电泳

取 20μl（约 20μg）变性 RNA 样品，在含溴化乙锭（EB）的甲醛琼脂糖凝胶上 5～10V/cm 的电压电泳 30min，紫外透射仪上观察 RNA 的质量。

注意：如在样品中加入 0.5～1μl EB 后电泳，而不在胶中加 EB，这样电泳后的背景较低。电泳时电压不宜过高，高电压会导致条带模糊不清。

3. 转膜

(1) RNA 电泳完毕后，取出凝胶，用 DEPC 水洗涤数次后用于转膜。

(2) 将凝胶放入干净玻璃平皿中，切去多余部分，加入适量转膜缓冲液，室温浸泡 20min。

(3) 转移系统的安装。将一块玻璃搭在玻璃平皿上，用转移缓冲液浸湿的三张滤纸平铺其上，取出凝胶，背面朝上放在滤纸中央，用刀片切一张长宽比凝胶大 1mm 的尼龙膜，先将尼龙膜在去离子水中浸透，用转移缓冲液（带正电荷的尼龙膜）或 10×SSC（不带电荷的尼龙膜）中浸泡 5min 以上，切去一角做好标记，将膜放于凝胶上，用玻璃棒赶走凝胶与滤纸、尼龙膜之间的气泡以免影响转移效果。用保鲜膜或封口膜将凝胶周围封闭（而不覆盖凝胶）。用三张转移缓冲液浸湿的滤纸放在膜上，将一叠 5～8cm 厚略小于滤纸的吸水纸放在滤纸上，吸水纸上放一块玻璃板，然后压上 500g 重物（参考图 11-2）。

注意：这个转移系统为上行毛细管转移系统，利用毛细管作用把 RNA 样品从凝胶上转移到尼龙膜上。

Northern 杂交膜也可以选用硝酸纤维素膜，但是硝酸纤维素膜核酸结合能力比较低，且不是通过共价结合，RNA 在高温杂交过程中容易洗掉，且硝酸纤维素膜在 80℃烘烤时变脆。

(4) 持续转移 3～4h。

(5) 转膜结束后，将尼龙膜取下置于含 6×SSC 缓冲液的玻璃平皿中，室温下在摇床上轻摇 5min。

(6) 凝胶用 EB 染色，观察转移效果。

(7) 取出尼龙膜后，将膜的 RNA 面向上放置于干的滤纸上数分钟后，将干燥的膜夹在两张滤纸之间，80℃干烤 2h。

注意：也可以将湿润的尼龙膜置于 UV 交联仪中自动交联。

(8) 将紫外交联后的膜，亚甲基蓝染色观察或在紫外灯下检测转移效率（避免太长的紫外曝光时间）。

(9) 转好的膜可直接进行杂交，如暂不用于杂交实验，可将彻底干燥的膜用锡箔纸或滤纸宽松包裹后室温贮存。

4. 杂交

(1) 分子杂交仪温度调至 68℃。

(2) 68℃预热的 10～20ml 预杂交液中温育膜 2h。

(3) 将标记的 DNA 探针沸水浴 5min 进行变性后快速转置冰上（说明：探针标记可用同位素放射性标记或地高辛（DIG）标记）。

(4) 将变性标记的 DNA 探针加入预热的预杂交液中，在合适的温度下杂交 12～16h（说明：杂交温度因不同探针而不同）。

(5) 杂交后，把膜取出，室温下迅速转移至 1×SSC，0.1%SDS 的塑料盒中，盖好后置于水平摇床上温和振荡 10min。

(6) 将膜转移至装有 68℃预热的含 0.1%SDS 的 0.5×SSC 的塑料盒中，68℃温和振荡 10min。

(7) 重复以上步骤2次,使68℃下共洗涤3次。

(8) 在滤纸上晾干膜,然后在暗盒内对X线片放射自显影得到杂交结果。

注意:不同方法标记探针杂交后处理方法不同,这里的检测方法是用同位素标记探针的处理方法;如果是DIG等非同位素标记的探针,杂交后处理、结果检测可按相关的试剂盒说明书进行。

5. Northern杂交实验结果

图12-1为一个典型的Northern杂交实验结果。不同样品中RNA的丰度不同,Northern杂交结果中条带粗细、深浅也不同。

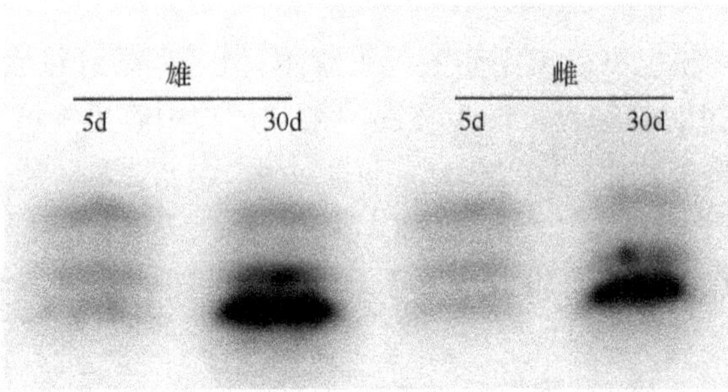

图12-1 雌、雄果蝇在不同发育阶段microRNA *miR*-34表达的Northern杂交结果(修改自Nan et al.,2012)

【注意事项】

1. 操作时应该小心谨慎,应做好戴手套、口罩等防护措施,用于RNA电泳、转膜的所有器械、用具均须DEPC水浸泡或高温处理以除去RNase酶,以免RNA样品被降解。

2. 转膜时,注意膜、凝胶和滤纸之间不要有气泡。

3. 转移系统上的吸水纸不能直接接触转移缓冲液,以免毛细管作用失效。

【实验提高】

1. 上行毛细管转移系统有几个主要的缺点:①大分子核酸会在凝胶中有选择地滞留;②上行毛细管转移需要耗费数小时,RNA转移超过4h会引起RNA过分地水解降低杂交信号强度;③一些RNA具有向下从凝胶中移出的趋势。下行毛细管转移会较好地解决这些问题,如最大8kb的RNA分子,不管是在碱性还是中性的转移缓冲液中,在1h内都可以实现高效转移。下行毛细管转移可参考《分子克隆实验指南·第3版》上册第548页。

2. 探针标记法主要有同位素法和非同位素法。不同探针标记方法的程序和检测手段各不相同,同位素标记由于对人体辐射较大而逐渐被弃用,但是同位素标记法探针价格较低,信号强,检测方法简单。近年发展起来的非同位素探针标记法副作用较小，但是试剂盒价格昂贵，检测时较繁琐。各实验室可根据自身的情况选用不同探针标记方法。

【思考题】

1. Northern 杂交中探针标记方法有哪些？各有什么优、缺点？
2. Northern 杂交和 Southern 杂交在原理、试验方法等方面有什么不同？
3. Northern 杂交中为了避免假阳性或假阴性结果，需要注意哪些因素？

实验 13　外源基因的原核表达技术

实验 13.1　外源基因的原核诱导表达

【实验目的】

了解外源基因在原核细胞中表达的基本操作方法。

【实验原理】

在原核表达系统中通常采用可调控的强启动子，这类应用于实验研究的原核启动子有几种，本实验主要介绍由异丙基-D-硫代半乳糖苷(IPTG)诱导的 *lac* 启动子来调控外源基因的原核表达。将外源目的基因克隆到 pET-32a 质粒载体上，该载体含有 T7 强启动子，其转录及翻译能够被诱导物 IPTG(异丙基硫代-β-D-半乳糖)选择性调控。宿主菌在正常生长时 *lac*Ⅰ产生的阻遏蛋白与 *lac* 操纵基因结合，从而不能进行外源基因的转录及表达。向培养基中加入 *lac* 操纵子的诱导物 IPTG，阻遏蛋白不能与操纵基因结合，则外源基因大量转录并高效表达，充分诱导时，几乎所有的细胞资源都用于表达目的蛋白，诱导表达后仅几个小时，目的蛋白通常可以占到细胞总蛋白的 50%以上。表达蛋白可经 SDS-PAGE、活性分析或蛋白印迹进行检测。

本实验采用已经构建好的表达载体 pET-egfp，该载体带有增强型绿色荧光蛋白基因(*enhanced green fluorescent protein*，*egfp*)的序列，经过不同条件下 IPTG 的诱导，实现外源基因的不同水平的表达，并通过 SDS-PAGE 对表达产物进行检测。

【实验用品】

1. 器材

超净工作台、恒温摇床、台式高速离心机、恒温水浴锅、超声破碎仪、生化培养箱、微量移液器等。

2. 材料

含有空载体 pET-32a 质粒的工程菌 BL21(DE3)，含有 pET-egfp 重组质粒的工程菌 BL21(DE3)。

【试剂的配制】

1. LB 液体培养基、10mg/ml 氨苄青霉素溶液配制方法(见实验 5)。

2. 超声平衡缓冲液

配制终浓度 Tris-HCl 50mmol/L，NaCl 500mmol/L，调节 pH7.0。

3. IPTG 储液 100mmol/L

2.38g IPTG 溶于 100ml 双蒸水中，0.22μm 滤膜抽滤除菌，分装于 EP 管并储于−20℃。

【实验步骤】

1. 分别挑取含有空载体 pET-32a 质粒的工程菌 BL21(DE3)和含有 pET-egfp 重组质粒的工程菌 BL21(DE3)的单菌落接种到 5ml LB 液体培养基（含氨苄青霉素，终浓度为 100μg/ml，以下同）。

2. 于 37℃、250r/min 培养过夜（12～14h）。

3. 取四支灭菌试管，各加入 5ml LB 液体培养基（含氨苄青霉素），分别编号为 1#、2#、3#、4#，全部按 1∶100 的比例接种，1#、2# 接种含有 pET-32a 空载体的 BL21(DE3)菌液，3#、4# 接种含有 pET-egfp 重组质粒的 BL21(DE3)菌液。

4. 于 37℃恒温摇床 225r/min 培养至 OD_{600} 达到 0.6 左右（大约需要培养 3h）。

5. 诱导处理：1#、3# 不需处理；向 2#、4# 中各加入 5μl 100mmol/L IPTG 至终浓度为 0.1mmol/L。

6. 于 37℃、225r/min 摇床继续培养约 4h，诱导 egfp 蛋白表达（也可以每间隔两个小时取样一次进行实验，于紫外灯下观察有无荧光和荧光强弱，记录观察到的现象）。

7. 收菌（注意采集标本并编号）：①将 1#、2#、3#、4# 试管中的菌液分别收集到 4 个 1.5ml EP 管中，编上相应编号。②5 000r/min，4℃，离心 10min，弃上清液收集菌体。

8. 各管收集的全部菌体用 1ml 超声平衡缓冲液重悬（50mmol/L Tris-HCl，500mmol/L NaCl，pH7.0）。

9. 超声操作：冰浴下进行，功率为 400W，工作 4s，间隙 4s，为一次，40 次为一周期。共处理 3 周期。

10. 超声波破菌后，12 000r/min，4℃，离心 10min，分别取上清液和沉淀，分装于新的无菌 EP 管中，做 SDS-PAGE 分析。

【注意事项】

1. 本实验的目的是比较重组 DNA 在大肠杆菌中表达时是否受 IPTG 存在的影响，所以 1#、3# 管的细菌在培养时不加 IPTG，2# 和 4# 加 IPTG，有的重组 DNA 菌体在其表达时除需加 IPTG 外仍需加入少量的葡萄糖为碳源作诱导。在转管培养及收菌时要注意各管编号要相应对好，不能混乱。

2. 不同的重组 DNA 在不同的宿主菌中蛋白的表达量往往受到 IPTG 浓度和温度的影响，最好采用不同温度或不同浓度的 IPTG 来诱导，观察哪种温度或哪种浓度条件下其蛋白表达量最大。在科研中一般都要求这样做。

3. 由于本实验所表达的目的蛋白带有绿色荧光，其在大肠杆菌中有很强的荧光。离心后收集的菌体在紫外线的照射下都可见黄绿色荧光，所以把 1#、2#、3#、4# 沉淀菌体放在紫外灯下观察其是否有荧光及其荧光的强弱，就可判断其是否有表达及其所表达的强度。

【实验提高】

1. 大肠杆菌表达系统的特点：生物学特性和遗传背景清楚，易于操作；已开发较多的表达载体可供选择；容易获得大量的外源蛋白（外源蛋白可占细菌总蛋白 50%左右）。

2. 蛋白质在原核细胞中的表达特点：原核细胞有其固有的 RNA 聚合酶，识别原核基因的启动子。因此，在用原核细胞表达目的基因（无论是真核基因还是原核基因）时，一般应使用原核启动子。原核基因的 mRNA 含有 SD 序列，启动蛋白质的合成，而在真核基因上则缺乏该序列。因此，一些商品化原核表达载体上设计有 SD 序列，以方便真核基因的表达。原核细胞没有 mRNA 转录后加工的能力。因此，在原核细胞中表达真核基因时，应使用 cDNA 为目的基因。原核细胞缺乏真核细胞对蛋白质进行翻译后加工的能力。如表达产物的功能和蛋白质的糖基化、高级结构的正确折叠有关，必须慎重使用原核表达系统。外源基因在大肠杆菌中高效表达时，表达产物往往在胞浆聚集，形成均一密度的包涵体。包涵体的形成有利于保护表达产物不被胞内的蛋白酶降解，而且可以通过包涵体和胞内其他蛋白质密度不同来纯化包涵体蛋白。但包涵体蛋白不具有该蛋白的所有生物学活性，往往需要通过变性复性的方法恢复活性，有时只能恢复部分活性。

3. 蛋白质在原核细胞表达的调控：启动子是转录水平调控的主要因素。根据启动子起始 mRNA 合成效率的不同，可分为强、弱启动子，但是启动子的强弱是相对于不同基因而言的。有些启动子的活性可以通过物理或化学的方法诱导调控。在基因工程中，原核表达系统通常采用可调控的强启动子。常用的原核启动子有，由异丙基-D-硫代半乳糖苷（IPTG）诱导的 *lac* 启动子，由 3-吲哚乙酸（IAA）诱导的 *trp* 启动子，由温度诱导的 PL 和 PR 启动子等。噬菌体 T7 RNA 聚合酶启动子是一个很强的启动子，近年来在原核表达中得到广泛应用。SD 序列是原核表达中翻译水平的重要调控因素。SD 序列和 16S RNA 3′端的互补程度、SD 序列和目的基因间的距离在很大程度上影响蛋白的合成量。

4. 蛋白质在原核细胞中的表达形式：外源基因在原核细胞中可以以非融合蛋白、融合蛋白和分泌型表达等不同形式进行表达。具体要根据表达产物使用的目的和操作方法进行选择。非融合蛋白使用的外源基因必须具有从起始密码子到终止密码子的完整读框。非融合蛋白的一级结构和天然蛋白质相同，是一些体内应用基因工程产品的必要条件。但是非融合蛋白在原核细胞内不稳定，易被降解，而且不易纯化。融合蛋白指的是在表达产物的 N 端或 C 端具有非目的蛋白的氨基酸残基。融合蛋白使用的外源基因,必须注意其读框和载体上原核读框相符合。融合蛋白在大肠杆菌内较稳定,不易被降解。而且,作为融合蛋白一部分的原核多肽往往用于纯化,或是作为检测该融合蛋白的"标签(tag)"。

【思考题】

1. 如何优化表达条件? 怎样对表达产物进行下一步的分离纯化?
2. pET 系列表达载体有哪些特点? 本实验所采用的菌株有什么性质?

实验 13.2　SDS-PAGE 检测外源基因的诱导表达

【实验目的】

掌握外源基因表达蛋白质的 SDS-PAGE 电泳原理和实验技术。

【实验原理】

SDS-PAGE 是 SDS-聚丙烯酰胺凝胶电泳的简称,聚丙烯酰胺凝胶是由丙烯酰胺(简称 Acr)和交联剂 N,N′-亚甲基双丙烯酰胺(简称 Bis)在催化剂作用下,聚合交联而成的具有网状立体结构的凝胶,并以此为支持物进行电泳。SDS 是一种阴离子表面活性剂,能打断蛋白质的氢键和疏水键,并按一定的比例和蛋白质分子结合成复合物,使蛋白质带负电荷的量远远超过其本身原有的电荷,掩盖了各种蛋白分子间天然的电荷差异。因此,各种蛋白质-SDS 复合物在电泳时的迁移率,不再受原有电荷和分子形状的影响,而只是棒长的函数。由于 SDS-PAGE 可设法将电泳时蛋白质电荷差异这一因素除去或减小到可以略而不计的程度,因此常用来鉴定蛋白质分离样品的纯化程度。SDS-PAGE 可分为圆盘状和垂直板状、连续系统和不连续系统。本实验采用垂直板状不连续系统。所谓"不连续"是指电泳体系由两种或两种以上的缓冲液、pH 和凝胶孔径等所组成。

(1) 样品的浓缩效应: 在不连续电泳系统中,含有上、下槽缓冲液(Tris-Gly,pH8.3)、浓缩胶缓冲液(Tris-HCl,pH6.8)、分离胶缓冲液(Tris-HCl,pH8.8),两种凝胶的浓度(即孔径)也不相同。在这种条件下,缓冲系统中的 HCl 几乎全部解离成 Cl^-,两槽中的 Gly (pI=6.0,pKa=9.7)只有很少部分解离成 Gly 的负离子,而酸性蛋白质也可解离出负离子。这些离子在电泳时都向正极移动。Cl^- 速度最快(先导离子),其次为蛋白质,Gly 负离子最慢(尾随离子)。由于 Cl^- 很快超过蛋白离子,因此在其后面形成一个电导较低、电位梯度较陡的区域,该区电位梯度最高,这是在电泳过程中形成的电位梯度的不连续性,导致蛋白质和 Gly 离子加快移动,结果使蛋白质在进入分离胶之前,快、慢离子之间浓缩成一薄层,有利于提高电泳的分辨率。

(2) 分子筛效应: 蛋白质离子进入分离胶后,条件有很大变化。由于其 pH 升高(电泳进行时常超过 9.0),使 Gly 解离成负离子的效应增加;同时因凝胶的浓度升高,蛋白质的泳动受到影响,迁移率急剧下降。此两项变化,使 Gly 的移动超过蛋白质,上述的高电压梯度不复存在,蛋白质便在一个较均一的 pH 和电压梯度环境中,按其分子的大小移动。分离胶的孔径有一定的大小,对不同相对分子质量的蛋白质来说,通过时受到的阻滞程度不同,即使净电荷相等的颗粒,也会由于这种分子筛的效应,把不同大小的蛋白质相互分开(图 13-1)。

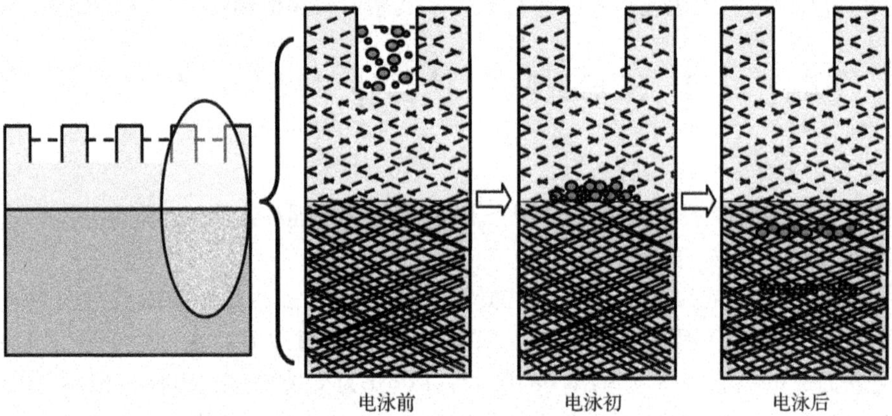

图 13-1 SDS-PAGE 电泳过程

【实验用品】

1. 器材

电磁炉、电泳仪、垂直电泳槽及配套的玻璃和密封条、梳子、微量移液器等。

2. 材料

SDS(十二烷基磺酸钠)、Acr(丙烯酰胺)、Bis(N,N′-亚甲基双丙烯酰胺)、Tris(三羟甲基氨基甲烷)、甘氨酸、盐酸、Aps(过硫酸铵)、TEMED(四甲基乙二胺)、蛋白分子量标准、溴酚蓝、甘油、冰醋酸、乙醇、β-巯基乙醇、考马斯亮蓝 R250、甲醇。

【试剂的配制】

1. 30%胶贮液

29.2g Acr + 0.8g Bis 双蒸水定容至 100ml,过滤,4℃保存。

2. 1.5mol/L Tris-HCl(pH 8.8),4℃保存。

3. 10% SDS,室温保存。

4. 10%过硫酸铵(APS),配好后分装入 1.5ml EP 管,-20℃冻存,或者现用现配。

5. 0.5mol/L Tris-HCl (pH 6.8),4℃保存。

6. 5×蛋白质电泳缓冲液

7.5g Tris,36g 甘氨酸,2.5g SDS,加双蒸水至 500ml,使用时稀释五倍。

7. 考马斯亮蓝染色液

0.25g 考马斯亮蓝 R250,45ml 甲醇,10ml 冰醋酸,用双蒸水定容至 100ml。

8. 脱色液

95%乙醇∶冰醋酸∶水＝4.5∶0.5∶5(V/V)。

9. 2×上样缓冲液

2ml 0.5mol/L Tris-HCl(pH6.8),2ml 甘油,4ml 10% SDS,0.5ml 0.1%溴酚蓝,1.0ml β-巯基乙醇,0.5ml 双蒸水,室温存放。

【实验步骤】(图 13-2)

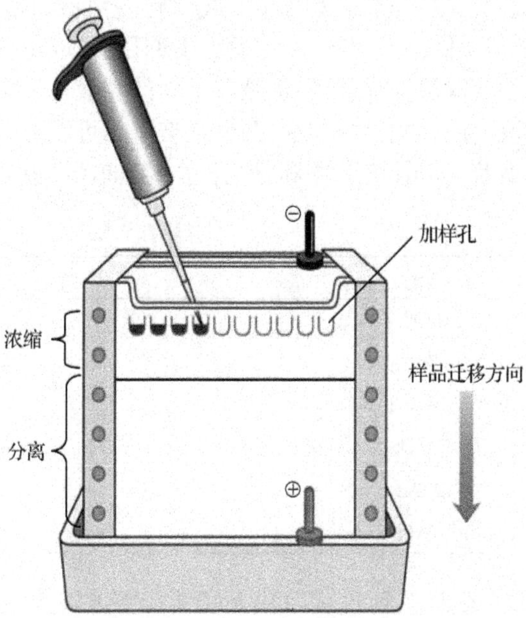

图 13-2　SDS-PAGE 示意图

1. 将上步实验(13.1 外源基因的原核诱导表达)超声波破碎后的菌液,12 000r/min,4℃,离心 10min,分别取上清液和沉淀,分装于新的无菌 EP 管中,做好标记,与 2×上样缓冲液等体积混合,放在电磁炉锅里的沸水中煮 3～5min,冷却备用,也可在－20℃ 冰柜中保存。

2. 按照教师的演示组装电泳玻璃并用细橡胶管密封底部和侧面,然后用夹子夹住,插入梳子后在玻璃上距离梳子齿底部 1cm 的地方做一个标记。

3. 配制 12%的分离胶 40ml：按顺序和量(注意体积单位)取下列溶液混在一个 50ml 的小烧杯中。

试剂	用量
双蒸水	13.4ml
30%胶贮液	16.0ml
1.5mol/L Tris-HCl(pH8.8)	10.0ml
10 % SDS	400μl
TEMED	20μl
10%APS	200μl

4. 加完 APS 后拿起烧杯轻轻转动几下底部将溶液混匀后，立刻缓缓倒入玻璃夹缝中，直到液面与所做的标记齐平，然后在上部用 1 000ml 微量移液器轻轻地沿玻璃壁来回移动加满双蒸水(尽可能不破坏下面的胶液)。然后静置 30min。直到烧杯中剩余的溶液凝固。倒出蒸馏水，并倒置玻璃尽可能将水倒尽。

5. 配 4%的浓缩胶 10ml：按顺序和量(注意体积单位)取下列溶液混在一个 50ml 的小烧杯中。

试剂	用量
双蒸水	6.1ml
30%胶贮液	1.3ml
0.5mol/L Tris-HCl(pH 6.8)	2.5ml
10% SDS	100μl
TEMED	10μl
10%APS	50μl

6. 加完 APS 后拿起烧杯轻轻转动几下底部将溶液混匀后，立刻倒入玻璃夹缝中，液面与玻璃上边缘齐平。然后再慢慢插入梳子，静置约 20min。烧杯中剩下的溶液倾斜放置直到溶液凝固(此状态可以用塑料薄膜包起来放入冰箱过夜)。

7. 选取几个形态好的加样槽，在一张纸上做好对应的标记，用微量移液器在侧面的一个加样槽中加入 20μl 蛋白分子量标准 marker，其他槽中加入 10～20μl 第 1 步制作的样品。

8. 加完样品后，再用微量移液器吸取电泳缓冲液小心把加样槽液面都补平。电泳槽上部倒满电泳缓冲液(约 250ml，淹没过加样槽的液面)，电泳槽的下部倒入一半电泳缓冲液(约 180ml)。

9. 接好电极，将电流调至 10mA，待溴酚蓝移到分离胶后，再将电流调至 18mA，电泳 2～3h，期间随时观察电泳槽上部的液体是否有泄漏(泄漏导致液面下降，电流中断)，当溴酚蓝移到距玻璃底部 0.5cm 时切断电源。

10. 在一个搪瓷盘里准备适量的考马斯亮蓝染色液。

11. 从电泳装置上卸下玻璃板，小心用铲子从下部将带有缺口的玻璃板撬起（切不可损坏胶）。用铲子切去上部的支持胶，并把分离胶从玻璃上剥离到染液搪瓷盘里（切不可损坏胶）。

12. 染色 2h 后，将染液倒回瓶子里以备重复使用。把胶移入脱色液，平缓摇动 4～8h，其间应更换脱色液三四次。

13. 观察脱色后胶里的蓝色带纹，与对照比较或寻找异常粗的带纹，并比较其分子量，判断是否是预期的基因产物，拍照。

14. 清理桌面。

【注意事项】

1. 过硫酸铵配制成 10％溶液后，应当－20℃保存。同时应尽量减少室温存放时间，以防失效。

2. TEMED 易挥发，使用后请盖紧瓶盖。另外凝胶凝聚的速度和温度及光照关系密切，可通过适当调节 TEMED 的用量，控制在不同的室内环境下凝胶凝聚的速度。

3. N，N′-亚甲双丙烯酰胺为神经毒性物质，可经皮肤直接吸收，使用时应避免其直接接触皮肤，应戴手套操作。但其凝固后就变成无毒物质。

【实验提高】

1. 配胶缓冲液系统对电泳的影响：在 SDS-PAGE 不连续电泳中，制胶缓冲液使用的是 Tris-HCl 缓冲系统，浓缩胶是 pH6.8，分离胶 pH8.8；而电泳缓冲液使用的是 Tris-甘氨酸缓冲系统。在浓缩胶中，其 pH 环境呈弱酸性，因此甘氨酸解离很少，其在电场的作用下，泳动效率低；而 Cl^- 却很高，两者之间形成导电性较低的区带，蛋白分子就介于二者之间泳动。由于导电性与电场强度成反比，这一区带便形成了较高的电压梯度，压着蛋白质分子聚集到一起，浓缩为一狭窄的区带。当样品进入分离胶后，由于胶中 pH 的增加，呈碱性，甘氨酸大量解离，泳动速率增加，直接紧随氯离子之后，同时由于分离胶孔径的缩小，在电场的作用下，蛋白分子根据其固有的带电性和分子大小进行分离。所以，pH 对整个反应体系的影响是至关重要的，实验中在排除其他因素之后仍不能很好解决问题的情况，应首要考虑该因素。

2. 样品如何处理：根据样品分离目的不同，主要有三种处理方法，有还原 SDS 处理、非还原 SDS 处理、带有烷基化作用的还原 SDS 处理。

（1）还原 SDS 处理：在上样 buffer 中加入 SDS 和 DTT（或 β-巯基乙醇）后，蛋白质构象被解离，电荷被中和，形成 SDS 与蛋白相结合的分子，在电泳中，只根据分子量来分离。一般电泳均按这种方式处理，样品稀释适当浓度，加入上样 buffer，离心，沸水煮 5min，再离心加样。

（2）带有烷基化作用的还原 SDS 处理：碘乙酸胺的烷基化作用可以很好地并

经久牢固地保护 SH 基团，得到较窄的谱带；另碘乙酸胺可捕集过量的 DTT，而防止银染时的纹理现象。100μl 样品缓冲液中加 10μl 20%的碘乙酸胺，并在室温保温 30min。

(3) 非还原 SDS 处理：生理体液、血清等样品，一般只在 1%SDS 沸水中煮 3min，未加还原剂，因而蛋白质二硫键未被破坏，不可作为测定蛋白质亚基分子量来使用。

3. SDS-PAGE 电泳凝胶中各主要成分的作用。

(1) 聚丙烯酰胺的作用：聚丙烯酰胺为蛋白质电泳提供载体，其凝固的好坏直接关系到电泳成功与否，与促凝剂及环境密切相关。

(2) TEMED 与 APS：促凝作用，加速聚丙烯酰胺的凝固。

(3) 十二烷基硫酸钠(SDS)：阴离子去污剂，作用有四，屏蔽蛋白质电荷、解离蛋白质之间的氢键、取消蛋白分子内的疏水作用、去多肽折叠。

4. 提高 SDS-PAGE 电泳分辨率的途径。

(1) 聚丙烯酰胺的充分聚合，可提高凝胶的分辨率。建议做法：待凝胶在室温凝固后，可在室温下放置一段时间使用。忌即配即用或 4℃冰箱放置，前者易导致凝固不充分，后者可导致 SDS 结晶。一般凝胶可在室温下保存 4d，SDS 可水解聚丙烯酰胺。

(2) 一般常用的有氨基黑、考马斯亮蓝、银染色三种染料，不同染料又各自有不同的染色方法，具体可参照郭尧君编著的《蛋白质电泳技术手册》第 82 至 103 页。

【思考题】

1. 在不连续体系 SDS-PAGE 中，当分离胶加完后，需在其上加一层水，为什么？

2. 电极缓冲液中甘氨酸的作用是什么？

3. 在不连续体系 SDS-PAGE 中，分离胶与浓缩胶中均含有 TEMED 和 APS，试述其作用。

4. 样品液为何在加样前需在沸水中加热几分钟？

实验 14　蛋白质印迹法检测哺乳动物细胞中 β-actin 的表达

【实验目的】

1. 学习蛋白质印迹技术在蛋白检测中的应用。
2. 了解蛋白质印迹原理和掌握其技术方法。

【实验原理】

蛋白质印迹是一种广泛使用的分析技术，也称为 Western blot，主要用于组织或细胞中特定蛋白的检测，也可用于病毒或含有蛋白的环境样品的检测。蛋白质印迹对特定蛋白的检测基于特异性单克隆或多克隆抗体的应用。组织或细胞样品经电泳分离后，转移到硝酸纤维膜(nitrocellulose membrane)或 PVDF(polyvinylidene difluoride)膜，膜上的蛋白用目的蛋白的抗体进行检测(图 14-1)。通过这一系列过程可以检测到组织或细胞中是否有表达目的蛋白和目的蛋白的表达量。

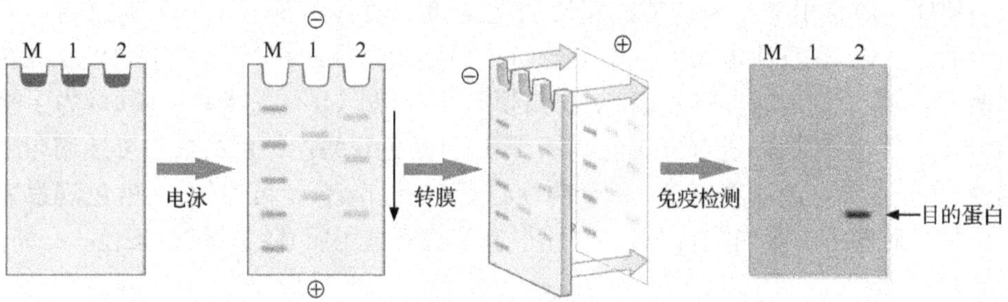

图 14-1　蛋白质印迹过程(修改自 Moore，2009)

电泳分离前，组织或细胞样品需进行匀浆或裂解处理。匀浆或裂解的目的在于使组织或细胞中的蛋白释放到溶液中。为了更好地溶解蛋白，裂解液中常加入去垢剂、盐和缓冲体系。由于组织或细胞裂解后，细胞中的蛋白酶被释放出来，因此，在匀浆或裂解缓冲液中需加入蛋白酶抑制剂，且操作过程保持在低温进行(如冰上)，避免样品处理过程中目的蛋白被蛋白酶降解。匀浆或裂解处理后的样品需离心或过滤去除不溶性的颗粒。为了确定电泳时的上样量，要对可溶性的上清液进行总蛋白质含量的测量。Bradford 法是一种简单而快速的蛋白质测定方法，常用来定量样品中的总蛋白浓度。

处理的样品通过电泳进行分离。在蛋白质印迹中常用的电泳为 SDS 聚丙烯酰胺凝胶电泳(SDS polyacrylamide gel electrophoresis，SDS-PAGE)。该电泳在凝胶和电泳样品中加入十二烷基磺酸钠(SDS)。SDS 可以与蛋白质结合,使蛋白变性。由于 SDS 的结合,蛋白带上很强的负电荷。相比于大量结合的 SDS 负电荷,蛋白质自身的电荷可以忽略不计。加之电泳样品处理时采用加热和加入还原剂如 DTT 或 β-巯基乙醇处理,蛋白质中的二硫键被打断并变性。变性的蛋白质由于 SDS 的负电性,在电泳时向正极移动。聚丙烯酰胺凝胶形成的孔径起到了分子筛的作用。在移动的过程中小分子量的蛋白受到阻力小,移动速率快;大分子量的蛋白在移动时受到的阻力大,移动速率慢。因此,SDS-PAGE 可以基于蛋白分子量的大小进行有效的分离。聚丙烯酰胺凝胶的浓度控制凝胶孔径的大小。较高浓度形成较小的孔径,适合小分子量蛋白的分离;较低浓度形成较大的孔径,适合大分子量蛋白的分离。为了决定目的蛋白的分子量,在电泳时常在一块凝胶的一个泳道上加入蛋白质分子量标准。蛋白质分子量标准是由分子量已知的不同种类的蛋白组成的混合物。通过与蛋白质分子量标准的比较,可以得知目的蛋白的分子量。

为了使目的蛋白更易被抗体检测和便于操作,电泳分离的蛋白质被转移到特定的膜上。常用的膜为具有蛋白吸附能力的硝酸纤维膜或 PVDF 膜。硝酸纤维膜或 PVDF 膜通过疏水作用和离子吸附作用对蛋白进行非特异性的结合。在做蛋白质印迹时常用电转移的方式将凝胶上的蛋白转移到膜上。由于蛋白与 SDS 结合后带负电,在直流电场的作用下会向正极移动。因此在"转移三明治"放入转印槽后,膜侧应朝向转印槽正极,凝胶侧朝向负极(图 14-2)。转移结束后,为了检测转移效果,在与抗体进行孵化前,常对膜进行染色观察。染色的染料可选用印度墨汁、考马斯亮蓝或丽春红 S。由于丽春红 S 与蛋白结合是可逆的,在染色观察完后可用水对膜上的蛋白进行脱色,因此很多实验室选用丽春红 S 进行染色。

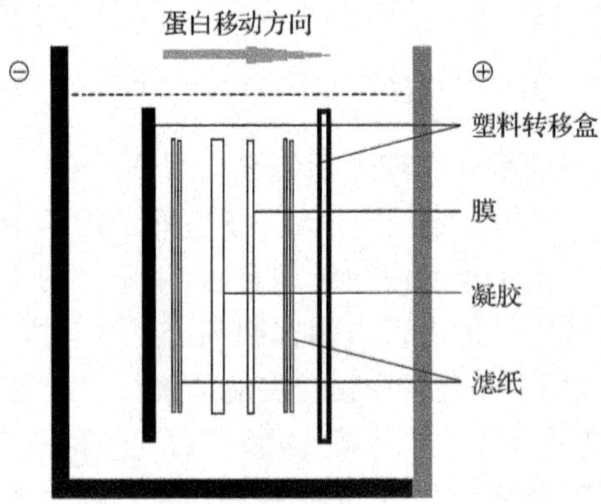

图 14-2　"转移三明治"在转印槽中的放置方向

在转移结束后,膜不能立即与抗体进行结合。因为即使凝胶上的蛋白全部转移到膜上，膜上还有许多位点未被蛋白结合。如果此时的膜与抗体进行孵育，抗体除了会与目的蛋白(抗原)结合外，抗体也会与膜上的蛋白结合位点进行非特异的结合。非特异的结合会在显色时造成很高的本底从而无法检测到目的蛋白。在转移结束后，膜要与蛋白溶液进行孵育，这个过程叫封闭。封闭的过程使膜上的位点被蛋白结合，在随后的抗体结合过程中，避免了抗体与膜的非特异性结合，大大降低了本底。实验室常用于封闭的蛋白溶液有牛血清白蛋白和脱脂奶粉。

检测膜上的蛋白一般采用二步法进行(图 14-3)。首先用特异性识别目的蛋白的抗体与膜孵化，这个抗体也称为一抗，在与膜孵化过程中一抗会与目的蛋白结合。在用洗涤缓冲液洗去非特异结合的一抗后，膜再与二抗进行孵育。二抗能特异地识别一抗，也就是说一抗是二抗的抗原。二抗上偶连有碱性磷酸酶或是辣根过氧化物酶。碱性磷酸酶或辣根过氧化物酶可催化可溶性的底物变成带有颜色的不溶性产物。由于不溶性产物沉积在目的蛋白周围，因此可以直接检测到膜上的目的蛋白。或是碱性磷酸酶或辣根过氧化物酶可催化底物产生发光的化学物质，通过对胶片曝光可以检测到目的蛋白。由于一个一抗可以与几个二抗结合，因此二步法可以有效放大信号，使检测更加灵敏。

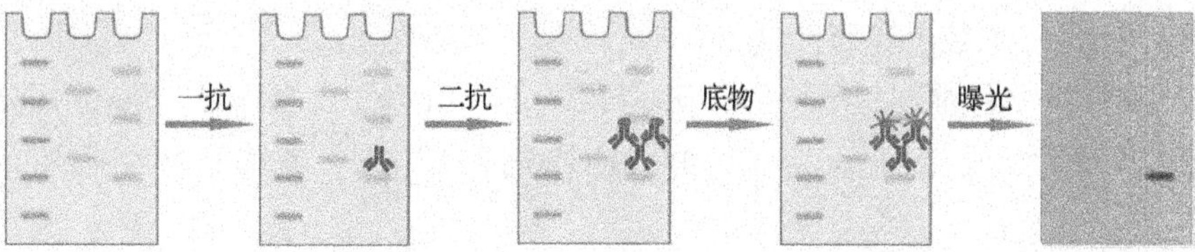

图 14-3　二步法检测(修改自 Claire Moore，2009)

本实验选用 β-actin 作为蛋白质印迹检测的目标蛋白。肌动蛋白(actin)是一种细胞骨架蛋白。肌动蛋白有 6 种亚型，其中 4 种为肌肉特异性，两种为非肌肉特异性肌动蛋白(non-muscle actin)，β-actin 就是其中一种，广泛分布于各种组织细胞中。因为 β-actin 在各组织和细胞中的表达量高，表达水平相对恒定，常作为蛋白质印迹的内参。β-actin 由 375 个氨基酸组成，分子量大小为 42～43kDa。

【实验用品】

1. 器材

电泳仪、电泳槽、电转印槽、离心机、脱色摇床。

2. 材料

培养的哺乳动物细胞或昆明鼠。

【试剂的配制】

1. 尿素裂解缓冲液

6.25mol/L 脲，100mmol/L DTT，20mmol/L HEPES 缓冲液 pH8.0，25mmol/L

NaCl，0.05% Triton-100，1mmol/L PMSF 或 1 片/10ml Protease inhibitor cocktail (Complete, Mini Roche)，分装，−20℃冻存。

2. 30%丙烯酰胺贮液

在 60ml 蒸馏水中溶解 29g 丙烯酰胺和 1g 双丙烯酰胺，加水定容至 100ml，过滤，避光，室温保存。

3. SDS-PAGE 电泳缓冲液

25mmol/L Tris 碱，190mmol/L 甘氨酸，0.1% SDS，室温保存。

4. 10%过硫酸铵

1g 过硫酸铵溶解于 10ml 蒸馏水中，该溶液可以 4℃保存数周。

5. 1.5M Tris-HCl(pH 8.8)

200ml 蒸馏水中溶解 45.54g Tris 碱，用 HCl 调节 pH 到 8.8，加水定容至 250ml，室温保存。

6. 1M Tris-HCl(pH 6.8)

200ml 蒸馏水中溶解 30.36g Tris 碱，用 HCl 调节 pH 到 6.8，加水定容至 250ml，室温保存。

7. 2×SDS-PAGE 上样缓冲液

4% SDS，20%甘油，125mmol/L Tris-HCl，pH6.8，0.02%溴酚蓝，200mmol/L 二硫苏糖醇(DTT)或 10% β-巯基乙醇。还原剂 DTT 或 β-巯基乙醇在临用前加入。

8. 转印缓冲液

50mmol/L Tris 碱，380mmol/L 甘氨酸，0.1% SDS，20% 甲醇，临用前配制。

9. 封闭液

5%(W/V)脱脂奶粉溶于 PBS-T 中，临用前配制，4℃保存。

10. 10×PBS 缓冲液

在 800ml 蒸馏水中溶解 80g NaCl、2g KCl、14.4g Na_2HPO_4 和 2.4g KH_2PO_4。用 HCl 调节 pH 到 7.4，加水定容至 1L，室温保存。

11. 1×PBS 缓冲液

取 100ml 10×PBS 缓冲液加水至 1L，室温保存。

12. PBS-T 缓冲液

取 1ml Tween 20 至 1L 的 1×PBS 缓冲液中，混匀，室温保存。

13. 丽春红 S 贮液

2%丽春红 S，30%三氯乙酸，20%磺基水杨酸，使用前稀释 10 倍，室温保存。

14. 印度墨汁染色液

50ml PBS-T 中加入 80μl 的印度墨汁。

15. β-actin 一抗稀释液

5ml 封闭液中加入 1μl β-actin 一抗，稀释体积比为 1∶5 000。

16. 二抗稀释液

5ml 封闭液中加入 5μl 二抗，稀释体积比为 1∶1 000。

17. NBT 溶液

溶解 0.5g NBT 于 10ml 的 70%二甲基甲酰胺中，4℃避光保存。

18. BCIP 溶液

溶解 0.5g BCIP 于 10ml 的 100%二甲基甲酰胺中，4℃避光保存。

19. 碱性磷酸酶缓冲液

100mmol/L NaCl，5mmol/L MgCl，100mmol/L Tris-HCl（pH9.5），室温保存。

20. NBT/BCIP 显色液

5ml 碱性磷酸酶底物缓冲液加入 33μl NBT 和 17μl BCIP。

【实验步骤】

1. 样品制备

样品可以是培养的细胞或是哺乳动物的组织。电泳之前需对细胞或组织进行裂解和抽提，使样品中的目标蛋白释放到溶液中。对样品的处理可以用电泳缓冲液直接裂解细胞或用专门配方的裂解缓冲液抽提细胞蛋白。

(1) 培养的细胞

1) 从 CO_2 培养箱中取出已长满盘的细胞，放置于冰上。

2) 弃去培养液，向 9cm 培养皿中加入 10ml 冰预冷的 PBS 洗涤细胞一次。

3) 弃去洗涤过的 PBS，再向培养皿中加入 1ml 冰预冷的 PBS。用细胞刮棒刮下细胞，并转移到 1.5ml 的 EP 管中。

4) 于 4℃，4 000r/m 离心 5min 以使细胞沉淀在 EP 管底。

5) 弃去上清液。向离心管中加入 500μl 的尿素裂解液，并用移液器上下吹吸细胞团块，使细胞裂解。

6) 将 EP 管置于冰上静置 20min。

7) 于 4℃，13 000r/m 离心 10min。将上清液转移到另一 EP 管。

8) 用 Bradford 法测定上清抽提液总蛋白含量。

(2) 哺乳动物组织

1) 称取一定量的昆明鼠肺组织。

2) 用干净的剪刀或刀片将鼠肺切成小碎片。

3) 每克鼠肺加 3ml 冰预冷的尿素裂解缓冲液。

4) 用杜恩斯匀浆器将组织匀浆，操作保持在冰上进行。

5) 匀浆后的组织在冰上孵化 20min，以使细胞充分裂解。

6）于 4℃，13 000r/m 离心 10min。将上清液转移到另一 EP 管。

7）用 Bradford 法测定抽提液总蛋白含量。

2. SDS 聚丙烯酰胺凝胶电泳（SDS-PAGE）

（1）安装制胶板：根据不同公司生产的电泳装置说明正确安装制胶板。在制胶板安装前先用无水乙醇擦拭玻璃板，以免产生污染。

（2）制备分离胶：不同浓度的分离胶可分离不同大小分子量的蛋白质，根据所要检测的目标蛋白分子量选择最适浓度的分离胶进行配制，表 14-1 中胶浓度与蛋白分离的分辨范围关系可提供一定的参考。本实验所要检测的蛋白 β-actin 分子量为 42～43kDa，因此可配制 12%左右的分离胶。

表 14-1　胶浓度与蛋白分辨范围关系

聚丙烯酰胺凝胶浓度/%	蛋白质分辨范围/kDa
20	2～15
15	15～45
12.5	15～60
10	18～75
7.5	30～120
5	60～212

根据所选用的胶板对凝胶量的需求，按表 14-2 配制所需量的分离胶。在加入除凝胶催化剂 TEMED 外的所有试剂后，轻轻混匀胶溶液。由于凝胶中加入 SDS，容易产生气泡，在混匀时动作要轻缓。最后加入 TEMED 后，再轻摇混胶溶液。将配制好的分离胶吸入到胶板中，在灌注分离胶时应留出积层胶的空间，积层胶所需的高度大约为梳子的长度加上 1cm。

表 14-2　分离胶与层积胶的配制

分离胶								
6%	5ml	10ml	15ml	20ml	25ml	30ml	40ml	50ml
水	2.7	5.3	8.0	10.6	13.3	15.9	21.1	26.5
30%丙烯酰胺贮液	1.0	2.0	3.0	4.0	5.0	6.0	8.0	10.0
1.5M Tris(pH8.8)	1.3	2.5	3.8	5.0	6.3	7.5	10.0	12.5
10%SDS	0.05	0.1	0.15	0.2	0.25	0.3	0.4	0.5
10%APS	0.05	0.1	0.15	0.2	0.25	0.3	0.4	0.5
TEMED	0.004	0.008	0.012	0.016	0.02	0.024	0.032	0.04

续表

分离胶								
8%	5ml	10ml	15ml	20ml	25ml	30ml	40ml	50ml
水	2.3	4.6	7.0	9.3	11.6	13.9	18.6	23.2
30%丙烯酰胺贮液	1.3	2.7	4.0	5.3	6.7	8.0	10.7	13.4
1.5M Tris(pH8.8)	1.3	2.5	3.8	5.0	6.3	7.5	10.0	12.5
10%SDS	0.05	0.1	0.15	0.2	0.25	0.3	0.4	0.5
10%APS	0.05	0.1	0.15	0.2	0.25	0.3	0.4	0.5
TEMED	0.003	0.006	0.009	0.012	0.015	0.018	0.024	0.03
10%	5ml	10ml	15ml	20ml	25ml	30ml	40ml	50ml
水	2.0	4.0	5.9	7.9	9.9	11.9	15.8	20.0
30%丙烯酰胺贮液	1.7	3.3	5.0	6.7	8.3	10.0	13.3	16.6
1.5M Tris(pH8.8)	1.3	2.5	3.8	5.0	6.3	7.5	10.0	12.5
10%SDS	0.05	0.1	0.15	0.2	0.25	0.3	0.4	0.5
10%APS	0.05	0.1	0.15	0.2	0.25	0.3	0.4	0.5
TEMED	0.002	0.004	0.006	0.008	0.01	0.012	0.016	0.02
12%	5ml	10ml	15ml	20ml	25ml	30ml	40ml	50ml
水	1.7	3.3	5.0	6.6	8.3	9.9	13.2	16.4
30%丙烯酰胺贮液	2.0	4.0	6.0	8.0	10.0	12.0	16.0	20.0
1.5M Tris(pH8.8)	1.3	2.5	3.8	5.0	6.3	7.5	10.0	12.5
10%SDS	0.05	0.1	0.15	0.2	0.25	0.3	0.4	0.5
10%APS	0.05	0.1	0.15	0.2	0.25	0.3	0.4	0.5
TEMED	0.002	0.004	0.006	0.008	0.01	0.012	0.016	0.02
15%	5ml	10ml	15ml	20ml	25ml	30ml	40ml	50ml
水	1.2	2.3	3.5	4.6	5.7	6.9	9.2	11.4
30%丙烯酰胺贮液	2.5	5.0	7.5	10.0	12.5	15.0	20.0	25.0
1.5M Tris(pH8.8)	1.3	2.5	3.8	5.0	6.3	7.5	10.0	12.5
10%SDS	0.05	0.1	0.15	0.2	0.25	0.3	0.4	0.5
10%APS	0.05	0.1	0.15	0.2	0.25	0.3	0.4	0.5
TEMED	0.002	0.004	0.006	0.008	0.01	0.012	0.016	0.02

续表

层积胶								
层积胶	1ml	2ml	3ml	4ml	5ml	6ml	8ml	10ml
水	0.68	1.4	2.1	2.7	3.4	4.1	5.5	6.8
30%丙烯酰胺贮液	0.17	0.33	0.5	0.67	0.83	1.0	1.3	1.7
1.0M Tris(pH6.8)	0.13	0.25	0.38	0.5	0.63	0.75	1.0	1.25
10%SDS	0.01	0.02	0.03	0.4	0.05	0.06	0.08	0.1
10%APS	0.01	0.02	0.03	0.4	0.05	0.06	0.08	0.1
TEMED	0.001	0.002	0.003	0.004	0.005	0.006	0.008	0.01

为了防止分离胶聚合时受到空气中氧气的干扰，应用水饱和的正丁醇(n-butanol)或去离子水加入到分离胶的表面隔离空气中的氧。加入正丁醇或去离子水时应小心，以免打乱还未凝聚的分离胶层。

凝胶在配制后大约20min聚合。凝胶聚合后，在聚合的凝胶与用于隔离空气的正丁醇或水层间可以看到明显的分界线。这时可以倒去上层的正丁醇或水，并用吸水纸吸干。如用正丁醇，需用水洗两到三次，然后再用吸水纸吸干残留液体。

(3) 制备积层胶：积层胶的配制与分离胶相似，首先确定所需积层胶大致体积，按表14-2中相应体积进行配制。在加入除TEMED之外的所有试剂后，轻轻混匀胶溶液。最后加入催化剂TEMED，轻轻混匀后灌注到胶板中。由于催化剂TEMED加入后，凝胶已经开始聚合，因此应立即插入干净的梳子，小心避免梳子插入时产生气泡。室温静置聚合。当积层胶完全聚合后，小心拔出梳子。此时制胶完成，胶板可用于电泳。

(4) 电泳样品准备。

(5) 向待电泳的样品中加入2×SDS-PAGE上样缓冲液，即向样品中加入等体积的SDS上样缓冲液。混合后，100℃加热3～5min使蛋白质变性。

(6) 上样：将胶板安装到电泳槽中。向上、下槽中加入Tris电泳缓冲液，上槽的电泳缓冲液需没过凝胶顶部。用微量注射器或一次性电泳上样用的细移液吸头依次上样。如用微量注射器上样，则每上一个样品后要用电泳槽中的缓冲液洗涤注射器，以免产生交叉污染。

(7) 电泳：加样完成后，盖上电泳槽盖。电泳槽盖电源线的正极(红色线)应与电泳槽的下槽相连，负极(黑色线)与电泳槽的上槽相连。将盖上槽盖的电泳装置与电源相接，同时注意正负极。电泳槽的正极应接在电源的正极上，负极接在电源的负极上。打开电源开关，设置电压和电流。如是0.75mm厚的凝板以15mA稳流电泳，如是1.5mm厚的凝胶以30mA稳流电泳。当前沿指示剂溴酚蓝到达分离胶底部时，停止电泳，关闭电源。

3. 电转移

（1）SDS-PAGE 结束后，从电泳槽中取出胶板。

（2）用刮铲撬开玻璃板，切去层积胶。如有必要可以切去凝胶的一角以鉴别方向。

（3）将凝胶放到含有转移缓冲液的浅盘中，转移缓冲液应完全浸没过凝胶。

（4）剪一张硝酸纤维膜和四张 Whatman 滤纸，硝酸纤维膜和滤纸大小与凝胶一致。将硝酸纤维膜、滤纸和垫子也放入含有转移缓冲液的容器中。保证硝酸纤维膜、滤纸完全浸湿。

（5）按图 14-4 所示的顺序装配“转移三明治”。

在桌面上打开塑料转移夹，转移夹由黑白色两块塑料板组成，黑色的一块放在桌面上→在黑色的面板上放一块垫子→在垫子上放两张滤纸→将凝胶放在滤纸上→在凝胶上小心盖上硝酸纤维膜，避免产生气泡→在硝酸纤维膜上放两张滤纸→放上另一块垫子→盖上白色的塑料板，并锁好“转移三明治”。

为了赶走凝胶与硝酸纤维膜间的气泡，在硝酸纤维膜盖上滤纸后，可用玻璃棒轻轻地从一端滚到另一端以赶走气泡。

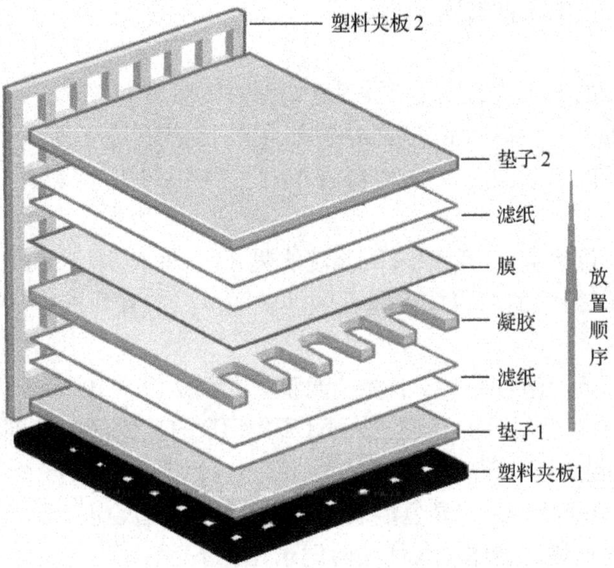

图 14-4 “转移三明治”装配（修改自 Claire Moore，2009）

（6）将做好的“转移三明治”放入转印槽中，注意“转移三明治”中黑色的一面朝向阴极，白色的一面朝向阳极（图 14-2）。

（7）在转印槽中放入冰盒，倒满转印缓冲液。

(8) 转印槽与电源相连,注意正负极。

(9) 打开电源开关,调节电压 100V,稳压转移 2h。

4. 转印膜染色

转移结束后,为了检测蛋白从凝胶转移到硝酸纤维膜上的转移情况,常对硝酸纤维膜进行染色。同时,如果使用的是非预染的蛋白质分子量标准,在染色后用铅笔在硝酸纤维膜上标出蛋白质分子量标准蛋白条带位置。

(1) 转移结束后,从转印槽中取出塑料转移夹。

(2) 打开塑料转移夹,除去上面的垫子和滤纸。用镊子小心掀下硝酸纤维膜。

注意:蛋白质结合在与凝胶接触的一面,如有必要可以在这一面用铅笔做上标记。

(3) 将硝酸纤维膜转移到丽春红 S 中染色 2～5min,其间可轻轻晃动染液数次,使膜染色更均匀。或在脱色摇床上染色。

(4) 用水冲洗去膜上的浮色,直至蛋白条带清晰可见,此时观察蛋白转移情况。

(5) 如所使用的蛋白分子量标准是非预染的,这时用铅笔标出蛋白条带的位置。

(6) 继续用蒸馏水冲洗膜直至条带消失。

5. 印迹分析

(1) 染色后的滤膜放置在含 5%脱脂奶粉封闭液的容器中。

(2) 容器置于脱色摇床上室温封闭 1h 或 4℃封闭过夜。

(3) 封闭后的滤膜放入一抗稀释液中,脱色摇床上室温孵育 1h 或 4℃孵育过夜。

(4) 弃去一抗稀释液,用 PBS-T 漂洗滤膜 3 次,每次 5～10min。

(5) 将步骤(4)中的滤膜放入偶合碱性磷酸酶二抗稀释液中,脱色,摇床上室温孵育 1h。

(6) 弃去二抗溶液,用 PBS-T 漂洗滤膜 3 次,每次 5～10min。

(7) 将 PBS-T 漂洗后的滤膜放入 NBT/BCIP 的显色液中直到理想的条带出现,其间不断摇晃。

(8) 弃去 NBT/BCIP 的显色溶液,加入蒸馏水终止反应。

(9) 拍照或扫描滤膜作永久性实验记录(图 14-5)。

【注意事项】

1. 蛋白质印迹常用的裂解缓冲液有 RIPA 裂解缓冲液[150mmol/L NaCl,1.0% TritonX100,0.5%脱氧胆酸钠,0.1% SDS,50mmol/L Tris-HCl(pH8.0)]、尿素裂解缓冲液(配方见“试剂配制”)、NP40 裂解缓冲液[150mmol/L NaCl,1.0% NP-40,50mmol/L Tris-HCl(pH8.0)]等。在使用含 SDS 的裂解缓冲液时,裂解

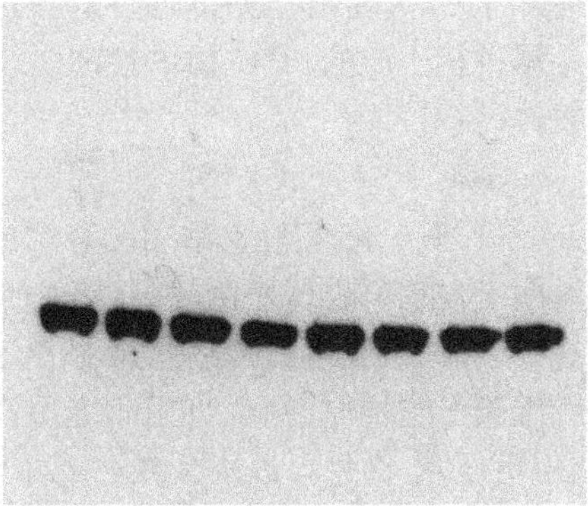

图 14-5　蛋白质印迹法检测 A375 细胞 β-actin 的表达

后的细胞或组织会因为基因组 DNA 的释放而使溶液变得黏稠，可通过超声处理剪切 DNA 以降低裂解液的黏度。无论使用哪种裂解液，都要加入蛋白酶抑制剂。

2. 在处理样品时，为了防止蛋白酶对目标蛋白的降解，要在裂解缓冲液中加入蛋白酶抑制剂。实验室常用的蛋白酶抑制剂有 PMSF、Roche 公司 complete Protease Inhibitor Cocktail 片。

3. 在 SDS-PAGE 时可根据不同上样量要求选择制不同厚度凝胶的制胶板，如 0.75mm、1mm 或 1.5mm。越厚的制胶板可加载的样品量越多。

4. 不同浓度的分离胶在分离蛋白时有其最佳的线性分离范围，在配制分离胶时应根据待检测的目标蛋白分子量确定分离胶的浓度。

5. 丙烯酰胺和甲叉丙烯酰胺具有神经毒性，因此在操作时应佩戴一次性手套。聚合后形成的聚丙烯酰胺本身是没有毒性的，但通常含有一些未聚合的有毒丙烯酰胺单体，因此操作时亦要小心。

6. 为了破坏蛋白质的高级结构，以使 SDS 能充分与蛋白质结合，电泳前的样品需在高温下加热变性。上样缓冲液中常加入还原剂 DTT 或 β-巯基乙醇，以使蛋白质二硫键断裂。

7. 可选用稳压或稳流方式进行电泳。如选用稳压方式电泳，样品在积层胶时选用较低电压，当样品进入分离胶时，适当高调电压。选用稳流方式电泳，电压随着电泳时间的增加而自动增大，因此不需要对电压进行调节。

8. 为了避免手上皮肤蛋白的污染，在进行蛋白质印迹的过程中应佩戴一次性的手套。

9. 蛋白质从聚丙烯酰胺凝胶转移到滤膜上时只结合了滤膜的部分位点，滤膜上的剩余蛋白位点如未被封闭，这些位点将会结合抗体，造成很高的本底。因此，在滤膜与一抗孵育之前，应对滤膜进行封闭处理。常用的封闭液有 3%的 BSA 或 5%的脱脂奶粉。

10. 在二步法进行检测时，二抗要根据一抗进行选择。例如，一抗是鼠抗人，也就是说这种一抗是用小鼠进行生产的，其抗体的性质是小鼠蛋白，因此，二抗要选用兔抗鼠或羊抗鼠等抗体。

【实验提高】

1. 在对膜进行染色时有多种方法，实验室常用的有丽春红 S 或印度墨汁染色法。如果直接在硝酸纤维膜上对抗原进行显色，则只能用丽春红 S 进行染色，原因是丽春红 S 的染色是可逆的，在染色观察后可用水将丽春红 S 完全脱色。如果是用化学发光法检测硝酸纤维膜上的抗原，则也可用印度墨汁进行染色。印度墨汁灵敏度高于丽春红，价格也更便宜，而且可以永久性记录标记膜上的蛋白。印度墨汁对硝酸纤维膜进行染色可按以下步骤进行。

(1) 从塑料转移夹上取出硝酸纤维膜。

(2) 放入含有印度墨汁的 PBS-T 中，脱色摇床上室温染色 5～10min。

(3) 用 PBS-T 漂洗硝酸纤维膜 3 次，每次 5min。

2. 除了可以在膜上直接显色检测外，现在还开发出了更灵敏的检测方法，如化学发光法。化学发光法可以通过延长曝光时间而检测到微量的目标蛋白。化学发光法要求实验室具有用于曝光的暗房或可用于化学发光检测的成像系统。

【思考题】

1. 请简述蛋白质印迹的原理。

2. 蛋白质印迹的过程选用二步法进行检测有什么优点？如果一抗是用鼠抗人，现有三种二抗：羊抗兔、鼠抗兔和兔抗鼠，你会选用哪一种二抗，为什么？

3. SDS-PAGE 如何实现对不同大小蛋白质的分离？

4. 在与一抗结合之前为什么要对滤膜进行封闭？

5. 现可通过显色法、化学发光法或荧光法对滤膜上的目的蛋白进行显示，请简述这几种方法的工作原理。

实验 15　动物组织切片的核酸原位杂交技术

【实验目的】

1. 掌握原位杂交技术的原理和关键步骤。

2. 了解特定基因在组织中的表达及功能。

【实验原理】

核酸原位杂交技术简称为原位杂交(in situ hybridization,ISH),是指用特定标记的已知顺序的核酸作为探针,利用核酸分子间的碱基互补配对的性质,与细胞或者组织中核酸进行杂交,并用一定的方法进行显色,从而对其表达位置进行定位的方法。该技术最早应用于 20 世纪 60 年代末,现在已经广泛应用于医学分子生物学的研究领域。

核酸原位杂交所用的探针可以是双链 DNA,或是单链 DNA,也可以是 RNA。探针的标记物有多种,不同的标记物衍生出不同的显色方法。早期的研究多用放射性同位素的探针,常用的放射性标记的探针有^{3}H、^{32}P、^{35}S 等。放射性标记探针的检测灵敏度高,但是成本也高,同时不稳定,同位素半衰期短,而且会造成放射性污染,因此不适用于普通实验室。实验室基本都在使用非放射性标记探针。目前应用较多的是生物素(小分子水溶性维生素)标记和地高辛(类固醇半抗原分子)标记。二者都是半抗原物质,因此可以通过组织化学和免疫组织化学等方法,利用抗原抗体特异性结合的原理,最后通过不同的显色方法来检测出来。值得注意的是,地高辛标记的探针即具有放射性同位素标记探针的灵敏度,特异性又比生物素标记探针强,因此应用越来越广泛。

原位杂交实验的基本过程包括探针的制备,原位杂交和显色。原位杂交所选用的探针必须与目的基因序列特异地结合。

【实验用品】

1. 器材

杂交烘箱、水浴锅、普通显微镜、体式显微镜、干燥箱、量筒、染色缸、剪刀、镊子、移液器、盖玻片、载玻片。

2. 材料

需要检测的动物组织石蜡切片。

【试剂的配制】

1. 杂交第一天的药品

配制药品前所有瓶子于 200℃烘烤 3h,瓶盖泡于新配制的 DEPC 水中,24h 后高压灭菌。

(1) DEPC 水。

DEPC：蒸馏水＝1：1 000，混匀后置于 37℃烘箱 12h 后灭菌，冷却，4℃保存。

(2) 1mol/L Tris-HCl(pH8.0)。

试剂	用量
Tris 碱	60.57g
DEPC 水	500ml

用浓 HCl 调节 pH 至 8.0，4℃保存。

(3) 0.5mol/L EDTA(pH8.0)。

试剂	用量/g
EDTA·Na_2·$2H_2O$	37.22
NaOH(助溶)	4

加水定容至 200ml，摇匀，溶解后调节 pH 至 8.0，加 200μl DEPC，混匀后置于 37℃烘箱 12h 后灭菌，冷却，4℃保存。

(4) 1mol/L 甘氨酸。

试剂	用量/g
甘氨酸	7.507

加水定容至 100ml，加 100μl DEPC，混匀后置于 37℃烘箱 12h 后灭菌，冷却，4℃保存。

(5) 20×SSC (pH 7.0)。

试剂	用量/g
NaCl	87.65
柠檬酸钠	44.1

在 400ml 水中溶解后，用 HCl 和 NaOH 调节 pH 至 7.0，加水定容至 500ml，加 500μl DEPC，混匀后置于 37℃烘箱 12h 后灭菌，冷却，4℃保存。

(6) 杂交 buffer。

试剂	用量
甲酰胺	100ml
20×SSC	40ml
SDS(1%)	2g
Yeast RNA(50μg/ml)	10mg
肝素 heparin (50μg/ml)	10mg
DEPC 水	60ml

分装于 1ml/管中－20℃保存。

(7) 配制工作溶液。

1) 蛋白酶 K buffer。

试剂	用量/ml
1mol/L Tris · HCl(pH8.0)	12
0.5mol/L EDTA(pH 8.0)	12

加 DEPC 水定容至 120ml。

2) 甘氨酸 buffer。

试剂	用量/ml
1mol/L Tris · HCl(pH 8.0)	8
1mol/L 甘氨酸	4

加 DEPC 水定容至 40ml。

3) 乙酰化 buffer。

试剂	用量/ml
三乙醇胺	1.06
HCl	0.3

加 DEPC 水定容至 80ml。

4) 2×SSC。

试剂	用量/ml
20×SSC(pH7.0)	4

加水至 40ml。

2. 杂交第二天的药品

(1) 20×SSC(pH7.0)。

试剂	用量/g
NaCl	87.65
柠檬酸钠	44.1

加水定容至 500ml 溶解后，用 HCl 和 NaOH 调节 pH 至 7.0，灭菌后 4℃保存。

(2) 1mol/L Tris-HCl(pH8.0)。

试剂	用量/g
Tris 碱	60.57

加水定容至 500ml，用浓 HCl 调节 pH 至 8.0，4℃保存。

(3) 0.5mol/L EDTA(pH8.0)。

试剂	用量/g
EDTA · Na · $2H_2O$	37.22
NaOH(助溶)	4

加水定容至 200ml，溶解后调节 pH 至 8.0，灭菌后 4℃保存。

(4) 1mol/L 马来酸。

试剂	用量/g
马来酸	116.07

加水定容至 1L，灭菌后 4℃保存。

(5) 5mol/L NaCl。

试剂	用量/g
NaCl	29.22

加水定容至 100ml，灭菌后 4℃保存。

(6) MBST。

试剂	用量/ml
1mol/L 马来酸	50
5mol/L NaCl	15
Tween-20	0.5

加水至 500ml，用 1mol/L 马来酸和 NaOH 调节 pH 至 7.5，4℃保存。

(7) 0.2mol/L 左旋咪唑。

试剂	用量/g
左旋咪唑	1.92608
NaCl	0.321
KCl	0.008
Tris	0.12

用 HCl 调 pH 至 7.4，灭菌后 1000∶1 加入 Tween-20。

(8) 2%封阻液(blocking solution)。

试剂	用量
封阻剂	2g
MBST	100ml

加热至 70℃使之完全溶解，分装冷却保存于－20℃。

(9) 配置工作溶液。

1) 5×SSC。

试剂	用量/ml
20×SSC	40

加水定容至 160ml。

2) 2×SSC。

试剂	用量/ml
20×SSC	4

加水定容至 40ml。

3) 0.1×SSC。

试剂	用量/μl
20×SSC	400

加水定容至 80ml。

4) 50%甲酰胺 2×SSC。

试剂	用量/ml
甲酰胺	40
20×SSC	8

加水定容至 80ml。

5) NTE。

试剂	用量
5mol/L NaCl	12ml
1mol/L Tris(pH 8.0)	1.2ml
0.5mol/L EDTA	240μl

加水定容至 120ml。

6) 预封阻液。

试剂	用量/ml
小牛血清	0.200
2%Blocking Reagent	0.800

7) 地高辛抗体溶液。

试剂	用量
2%Blocking Reagent	1ml
小牛血清	0.010ml
地高辛抗体	1μl

3. 杂交第三天的药品

(1) 1mol/L Tris-HCl(pH9.5)。

试剂	用量/g
Tris 碱	60.57

加水定容至 500ml,用浓 HCl 调节 pH 至 9.5,4℃保存。

(2) 1mol/L $MgCl_2$。

试剂	用量/g
$MgCl_2$	101.65

加水定容至 500ml,高压灭菌备用。

(3) 配置工作溶液：NTMT。

试剂	用量/ml
5mol/L NaCl	10
1mol/L Tris(pH 9.5)	50
1mol/L $MgCl_2$	25
Tween-20	0.5

加水定容至 500ml。

【实验步骤】

1. 实验前准备

(1) 杂交前一天需准备的物品：20 个染色缸，镊子，盖玻片，碎玻片，5 个量筒(50ml×2，100ml×2，250ml)，5 个玻棒(200℃烘烤 4h，去 RNA 酶)。

(2) 杂交第一天需准备的物品：marker 笔，水笔，铅笔，标签纸，无水乙醇，二甲苯，DEPC 水，计时器。

(3) 杂交第二天需准备的物品：13 个染色缸，镊子，盖玻片，碎玻片，3 个量筒(100ml，250ml×2)，3 个玻棒。三个水浴锅。

(4) 杂交第三天需准备的物品：500ml 量筒，1 个玻棒。

(5) 杂交第四天需准备的物品：2 个染色缸，镊子，1 个湿盒，碎玻片，盖玻片，骨髓细胞紫色指示剂 AP 底物(BM Purple AP Substrate)。

2. 杂交前处理(在染色缸中进行)

(1) 石蜡切片脱蜡、复水

组织依次放入 37℃二甲苯中 15min→新鲜二甲苯中 15min→100%乙醇中 5min→90%乙醇中 5min→70%乙醇中 5min→50%乙醇中 5min→35%乙醇中 5min→ DEPC 水中 5min。

(2) 蛋白酶 K 消化及乙酰化处理

蛋白酶 K 缓冲液中 5min→用蛋白酶 K 缓冲液配制的蛋白酶 K(20mg/ml)溶液中 2min→蛋白酶 K 缓冲液中 5min→甘氨酸缓冲液中 10min→甘氨酸缓冲液(临用前加乙酸酐 100μl/40ml)中 10min→2×SSC 中 10min。

(3) 石蜡切片脱水

切片依次放入 35%乙醇中 5min→50%乙醇中 5min→70%乙醇中 5min→80%乙醇中 5min→90%乙醇中 5min→100%乙醇中 5min。

(4) 切片放置常温下晾干。

3. 杂交处理

(1) 配制探针

取适量探针(根据探针浓度一般吸取 2μl)与 100μl 杂交缓冲液混合，探针终浓度约为 2ng/μl，在 72℃加热变性 10min，立刻放置冰上冷却 2min，防止重新交联。

(2) 杂交

每张切片加 100μl 配置好的探针溶液，置于去 RNA 酶的湿盒子中，将湿盒置于杂交烘箱的杂交温度下 12h 或过夜。(不同探针因其 T_m 不同，杂交温度不同。)

4. 杂交后处理

(1) 洗涤消化多余的探针

5×SSC 中 15min(温度大于杂交温度 1～2℃)，3 次→50%甲酰胺 2×SSC，

15min,45℃,2 次→NTE 缓冲液,37℃,10min→NTE 缓冲液(临用前加入 80μl 10mg/ml RNase A,终浓度为 20μl/ml 和 1μl RNase T,终浓度为 5U/ml),37℃,30min→NTE 缓冲液,37℃,10min→2×SSC,37℃,10min—0.1×SSC,45℃,5min→0.1×SSC,室温,5min。

(2) 封闭内源性抗原

MBST,5min,室温→滤纸吸干,置于湿盒上→每片加 200μl 预封阻液,室温,1h。

(3) 结合抗体

滤纸吸干,每片加 200μl 配置好的地高辛抗体溶液,4℃,12h。

(4) 洗去多余的抗体

NTMT,室温,1h→NTMT+左旋咪唑 400μl(终浓度 2mmol/L),1h,室温避光。

5. 显色反应

NTMT+左旋咪唑 400μl(终浓度 2mmol/L),1h,室温避光→每片加 400μl BM Purple AP Substrate,置于湿盒 4℃避光显色,一般显色 12h 以上,之后每半个小时显微镜下观测一次,直至信号表达区域显色完全,应当注意防止背景过深。

6. 脱水封片

显色完全后,PBS 洗去显色液→35%乙醇,5min→50% 乙醇,5min→70% 乙醇,5min→90% 乙醇,5min→100% 乙醇 Ⅰ,5min→100% 乙醇 Ⅱ,5min→37℃二甲苯中 15min→新鲜二甲苯中 15min→中性树脂封片,拍照。

【注意事项】

1. 所有的器械和玻璃器皿均要 200℃高温处理 4h。
2. 不能用高温处理的器械用 DEPC 水浸泡过夜后高温灭菌。
3. 所用的载玻片需用防脱片剂多聚赖氨酸或 APES(3-氨丙基-3-乙氧基甲硅烷)处理。
4. 第一天的实验操作要使用口罩、手套等防护用具以避免 RNA 酶的污染。

【思考题】

1. 在原位杂交实验中,该采取什么措施预防非特异性显色?
2. 实验操作中,应如何防止 RNA 酶对 RNA 的降解作用?

实验 16　cDNA 文库的构建与筛选

【实验目的】

学习构建 cDNA 文库的方法及从文库中筛选感兴趣的目标基因。

【实验原理】

cDNA 文库是指某生物某特定时期所转录的全部 mRNA 经反转录形成的 cDNA 片段与某种载体连接而形成的克隆的集合，反映基因组表达的基因序列信息，用于研究特定细胞中基因的表达状态和表达基因的功能等。构建 cDNA 文库已成为研究功能基因组学的基本手段之一，应用于分离新基因是其最重要的用途。

cDNA 便于克隆和大量表达，它不像基因组含有内含子而难于表达，因此可以从 cDNA 文库中筛选到所需的目的基因，并直接用于该目的基因的表达。经典 cDNA 文库构建的基本原理是用 Oligo(dT)作反转录引物，或者用随机引物，给所合成的 cDNA 加上适当的连接接头，连接到适当的载体中获得 cDNA 文库(图 16-1)。按所用载体类型分为质粒 cDNA 文库、噬菌体 cDNA 文库等。

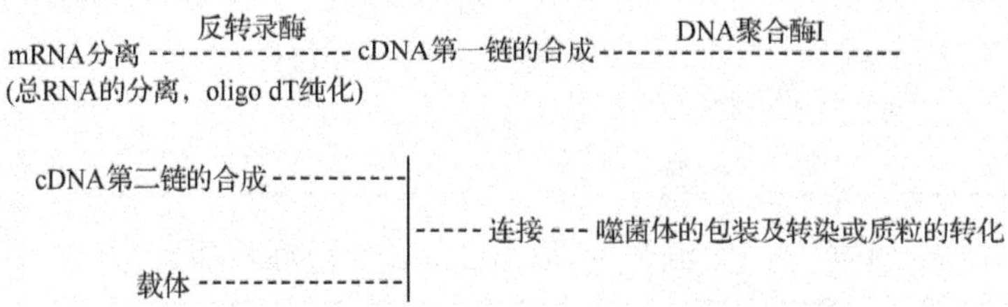

图 16-1　cDNA 文库构建过程

【实验用品】

1. 器材

200℃以上烘箱、低温离心机、恒温水浴锅、微量移液器、Tip 头、1.5ml EP 管、陶瓷研钵、剪刀、一次性手套、滤纸、培养箱、Sephadex G-50 离心柱、Sepharose CL-4B 等。

2. 试剂

Trizol 试剂、氯仿、异丙醇、乙醇、焦碳酸二乙酯(DEPC)、DEPC 水、Tris-HCl (1mol/L，pH8.0)、dNTP 溶液(含 4 种 dNTP，每种 5mmol/L)、乙酸钠(3mol/L，pH5.2)、$MgCl_2$(0.1mol/L)、ATP(10mmol/L)等。

3. 材料

新鲜的植物材料或动物材料。

【实验步骤】

1. cDNA 文库的构建

总 RNA 的提取同实验 2,异硫氰酸胍法提取植物(或动物)总 RNA。利用 poly(A)末端分离制备 mRNA。cDNA 文库的构建共分为六个阶段:阶段 1,反转录酶催化合成 cDNA 第一链;阶段 2,cDNA 第二链的合成;阶段 3,cDNA 的甲基化;阶段 4,接头或衔接子的连接;阶段 5,Sepharose CL-4B 凝胶过滤法分离 cDNA;阶段 6,cDNA 与 λ 噬菌体臂的连接。

阶段 1:反转录酶催化合成 cDNA 第一链

(1) 在置于冰上的无菌微量 EP 管内混合下列试剂进行 cDNA 第一链的合成。

试剂	用量
poly(A)$^+$RNA (1μg/μl)	10μl
寡核苷酸引物(1μg/μl)	1μl
1mol/L Tris-HCl (pH8.0,37℃)	2.5μl
1mol/L KCl	3.5μl
250mmol/L $MgCl_2$	2μl
dNTP 溶液(含 4 种 dNTP,每种 5mmol/L)	10μl
0.1mol/L DTT	2μl
RNase 抑制剂(选用)	25U
加 ddH_2O 至	48μl

(2) 当所有反应组在 0℃混合后,取出 2.5μl 反应液转移到另一个 0.5ml 微量 EP 管内。在这个小规模反应管中加入 0.1μl [α-^{32}P] dCTP(400Ci/mmol,10mCi/ml)。

(3) 大规模和小规模反应管都在 37℃温育 1h。

(4) 温育接近结束时,在含有同位素的小规模反应管中加入 1μl 0.25mol/L EDTA,然后将反应管转移到冰上。大规模反应管则在 70℃温育 10min,然后转移至冰上。

(5) 参考《分子克隆实验指南》第三版附录 8 所述方法,测定 0.5μl 小规模反应物中放射性总活度和可被三氯乙酸(TCA)沉淀的放射性活度。此外,用合适的 DNA 分子质量参照物通过碱性琼脂糖凝胶电泳对小规模反应产物进行分析。

(6) 按下述方法计算 cDNA 第一链的合成量(推算方法略)

[掺入的活度值(cpm)/总活度值]×66(μg)=合成的 cDNA 第一链(μg)

(7) 尽可能快地进行 cDNA 合成的下一步骤。

阶段 2:cDNA 第二链的合成

(1) 将下列试剂直接加入第一链反应混合物中。

试剂	用量/μl
10mmol/L $MgCl_2$	70
2mol/L Tris-HCl (pH7.4)	5
10 mCi/ml[α-^{32}P] dCTP(400 Ci/mmol)	10
1mol/L $(NH4)_2SO_4$	1.5
RNase H (1 000U/ml)	1
大肠杆菌 DNA 聚合酶 I(10 000U/ml)	4.5

温和振荡将上述试剂混合，用微量离心机稍离心，以除去所有气泡。在 16℃温育 2～4h。

(2) 温育结束，将下列试剂加到反应混合物中。

试剂	用量/μl
β-NAD (50mmol/L)	1
大肠杆菌 DNA 连接酶(1 000～4 000U/ml)	1

室温温育 15min。

(3) 温育结束，加入 1μl 含有 4 种 dNTP 的混合物和 2μl T4 噬菌体 DNA 聚合酶。反应混合物室温温育 15min。

(4) 取出 3μl 反应物，按步骤(7)和步骤(8)描述的方法测定第二链 DNA 的质量。

(5) 将 5μl 0.5mol/L EDTA (pH8.0)加入剩余的反应物中，用酚∶氯仿和氯仿分别抽提混合物一次。在 0.3mol/L (pH5.2)乙酸钠存在下，通过乙醇沉淀回收 DNA，将 DNA 溶解在 90μl TE(pH7.6)溶液中。

(6) 将下列试剂加到 DNA 溶液中。

试剂	用量/μl
10×T4 多核苷酸激酶缓冲液	10
T4 多核苷酸激酶(3 000U/ml)	1

室温温育 15min。

(7) 测定从上面步骤(4)取出的 3μl 反应物中放射性活度，并按《分子克隆实验指南・第 3 版》附录 8 所述方法测定 1μl 第二链合成产物中能被三氯乙酸沉淀的放射性活度。

(8) 用下面公式计算第二链反应中所合成的 cDNA 量。要考虑到已掺入到

DNA 第一链中的 dNTP 的量。

[第二链反应中所掺入的活度值(cpm)/总活度值(cpm)]×(66μg −xμg)=cDNA 第二链合成量/μg

x 表示 cDNA 第一链量。cDNA 第二链合成量通常为第一链量的70%～80%

(9) 用等量酚∶氯仿对含有磷酸化 cDNA[来自步骤(6)]的反应物进行抽提。

(10) Sephadex G-50 用含有 10mmol/L NaCl 的 TE(pH7.6)溶液进行平衡，然后通过离子柱层析将未掺入的 dNTP 和 cDNA 分开。

(11) 加入 0.1 倍体积的 3mol/L 乙酸钠(pH5.2)和 2 倍体积的乙醇，沉淀柱层析洗脱下来的 cDNA，将样品置于冰上至少 15min，然后在微量离心机上以最大速度 4℃离心 15min，回收沉淀 DNA。用手提微型监测仪检查，是否所有放射性都沉淀下来。

(12) 用 70%乙醇洗涤沉淀物，重复离心。

(13) 小心吸出所有液体，空气干燥沉淀物。

(14) 如果需要用 *Eco*R Ⅰ甲基化酶对 cDNA 进行甲基化，可将 cDNA 溶解于 80μl TE (pH7.6)溶液中。另外，如果要将 cDNA 直接与 *Not* Ⅰ或 *Sal* Ⅰ接头或寡核苷酸衔接子相连，可将 cDNA 悬浮在 29μl TE(pH7.6)溶液中。沉淀的 DNA 重新溶解后，尽快进行 cDNA 合成的下一步骤。

阶段 3：cDNA 的甲基化

(1) 在 cDNA 样品中加入以下试剂。

试剂	用量/μl
2mol/L Tris-HCl (pH8.0)	5
5mol/L NaCl	2
0.5mol/L EDTA(pH8.0)	2
20mmol/L S-腺苷甲硫氨酸	1
加 ddH_2O 至	96

(2) 取出两小份样品(各 2μl)至 0.5ml 微量 EP 管中，分别编为 1# 和 2#，置于冰上。

(3) 在余下的反应混合液中加入 2μl *Eco*R Ⅰ甲基化酶(80 000U/ml)，保存在 0℃直至步骤(4)完成。

(4) 再从大体积的反应液中吸出另外两小份样品(各 2μl)至 0.5ml 微量 EP 管中，分别编为 3# 和 4#。

(5) 在所有四小份样品[来自步骤(2)和步骤(4)]中加入 100ng 质粒 DNA 或 500ng 的 λ 噬菌体 DNA。这些未甲基化的 DNA 在预实验中用作底物以测定甲基化效率。

(6) 所有四份小样实验反应和大体积的反应均在 37℃温育 1h。

(7) 于 68℃加热 15min,用酚∶氯仿抽提大体积反应液一次,再用氯仿抽提一次。

(8) 在大体积反应液中加入 0.1 倍体积的 3mol/L 乙酸钠(pH5.2)和 2 倍体积的乙醇,混匀后贮存于−20℃直至获得小样反应结果。

(9) 按下述方法分析 4 个小样对照反应。

1) 在每一对照反应中分别加入以下试剂。

试剂	用量/μl
0.1mol/L $MgCl_2$	2
10×*Eco*R Ⅰ缓冲液	2
加 ddH_2O 至	20

2) 在 2# 和 4# 反应管中分别加入 20 单位 *Eco*R Ⅰ。

3) 四个对照样品于 37℃温育 1h,通过 1%琼脂糖凝胶电泳进行分析。

(10) 微量离心机以最大速度离心 15min (4℃)以回收沉淀 cDNA。弃上清液,加入 200μl 70%乙醇洗涤沉淀,重复离心。

(11) 用手提式微型探测器检查是否所有放射性物质均被沉淀。小心吸出乙醇,在空气中晾干沉淀,然后将 DNA 溶于 29μl TE(pH8.0)中。

(12) 尽可能快地进行 cDNA 合成的下一阶段。

阶段 4:接头或衔接子的连接

以下为 cDNA 末端的削平的步骤。

(1) cDNA 样品于 68℃加热 5min。

(2) 将 cDNA 溶液冷却至 37℃并加入下列试剂。

试剂	用量/μl
5×T4 噬菌体 DNA 聚合酶修复缓冲液	10
dNTP 溶液,每种 5mmol/L	5
加 ddH_2O 至	50

(3) 加入 1～2 单位 T4 噬菌体 DNA 聚合酶(500 单位/ml),37℃温育 15min。

(4) 加入 1μl 0.5mol/L EDTA (pH8.0),以终止反应。

(5) 用酚∶氯仿抽提,再通过 Sephadex G-50 离心柱层析,除去未掺入的 dNTP。

(6) 在柱流出液中加入 0.1 倍体积的 3mol/L 乙酸钠(pH5.2)和二倍体积的乙醇,样品于 4℃至少放置 15min。

(7) 在微量离心机上以最大速度离心 15min(4℃),回收沉淀的 cDNA。沉淀经空气干燥后溶于 13μl 的 10mmol/L Tris-HCl (pH8.0)。

接头-衔接子与 cDNA 的连接。

(8) 将下列试剂加入到已削成平末端的 DNA 中。

试剂	用量/μl
10×T4 噬菌体 DNA 聚合酶修复缓冲液	2
800～1000ng 的磷酸化接头或衔接子	2
T4 噬菌体 DNA 连接酶 (10^5 Weiss 单位/ml)	1
10mmol/L ATP	2

混匀后，在 16℃温育 8～12h。

(9) 从反应液中吸出 0.5μl 贮存于 4℃，其余反应液于 68℃加热 15min 以灭活连接酶。

阶段 5：Sepharose CL-4B 凝胶过滤法分离 cDNA

以下为 Sepharose CL-4B 柱的制备的步骤。

(1) 用带有弯头的皮下注射针头将棉拭的一半推进 1ml 灭菌吸管端部，用无菌剪刀剪去露在吸管外的棉花并弃去，再用滤过的压缩空气将余下的棉拭子吹至吸管狭窄端。

(2) 将一段无菌的聚氯乙烯软管与吸管窄端相连，将吸管宽端浸于含有 0.1mol/L NaCl 的 TE(pH7.6)溶液中。将聚氯乙烯管与相连于真空装置的锥瓶相接。轻缓抽吸，直至吸管内充满缓冲液，用止血钳关闭软管。

(3) 在吸管宽端接一段乙烯泡沫管，让糊状物静置数分钟，放开止血钳，当缓冲液从吸管滴落时，层析柱亦随之形成。如有必要，可加入更多的 Sepharose CL-4B，直至填充基质几乎充满吸管为止。

(4) 将几倍柱床体积的含 0.1mol/L 氯化钠的 TE(pH7.6)洗涤柱子。洗柱完成后，关闭柱子底部的软管。依据大小分离回收 DNA。

(5) 用巴斯德吸管吸去柱中 Sepharose CL-4B 上层的液体，将 cDNA 加到柱上(体积为 50μl 或更小)，放开止血钳，使 cDNA 进入凝胶。用 50μl TE(pH7.6)洗涤盛装 cDNA 的微量 EP 管，将洗液亦加于柱上。用含 0.1mol/L NaCl 的 TE (pH7.6)充满泡沫管。

(6) 用手提式小型探测器监测 cDNA 流经柱子的进程。放射性 cDNA 流到柱长 2/3 时，开始用微量 EP 管收集，每管 2 滴，直至将所有放射性洗脱出柱为止。

(7) 用切仑科夫计数器测量每管的放射性活性。

(8) 从每一管中取出一小份，以末端标记的已知大小(0.2～5kb)的 DNA 片断作标准参照物，通过 1% 琼脂凝胶电泳进行分析，将各管余下部分贮存于 －20℃，直至获得琼脂糖凝胶电泳的放射自显影片。

(9) 电泳后将凝胶移至一张 Whatman 3MM 滤纸上，盖上一张 Saran 包装膜，并在凝胶干燥器上干燥。干燥过程前 20～30min 于 50℃加热凝胶，然后停止加热，在真空状态继续干燥 1～2h。

(10) 置于－70℃加增感屏对干燥的凝胶继续 X 射线曝光。

(11) cDNA 长度≥500bp 的收集管中，加入 0.1 倍体积的 3mol/L 乙酸钠(pH5.2)和二倍体积的乙醇。于 4℃放置至少 15min 使 cDNA 沉淀，用微量离心机于 4℃以 12 000g 离心 15min，以回收沉淀的 cDNA。

(12) 将 DNA 溶于总体积为 20μl 的 10mmol/L Tris-HCl (pH7.6)中。

(13) 测定每一小份放射性活度。算出选定的组分中所得到的总放射性活度值。计算可用于 λ 噬菌体臂相连接的 DNA 总量。

[选定组分的总活度值(cpm)/掺入到第二链的活度值(cpm)]×2xμg cDNA 第二链合成量＝可用于连接的 cDNA

阶段 6：cDNA 与 λ 噬菌体臂的连接

(1) 按表 16-1 建立 4 组连接-包装反应

表 16-1　不同 cDNA 含量情况下与 λ 噬菌体臂连接体系

连接	A/μl	B/μl	C/μl	D/μl
λ 噬菌体 DNA(0.5μg/μl)	1.0	1.0	1.0	1.0
10×T4DNA 连接酶缓冲液	1.0	1.0	1.0	1.0
cDNA	0ng	5ng	10ng	50ng
T4 噬菌体 DNA 连接酶(10^5 Weiss 单位/ml)	0.1	0.1	0.1	0.1
10mmol/L ATP	1.0	1.0	1.0	1.0
加 H_2O 至	10	10	10	10

连接混合物于 16℃培育 4～16h。剩余的 cDNA 储存于－20℃。

(2) 按包装提取物厂商提供的方法，从每组连接反应物中取 5μl 包装到噬菌体颗粒中。

(3) 包装反应完成后，在各反应混合物中加入 0.5ml SM 培养基。

(4) 预备适当的大肠杆菌株新鲜过夜培养物，包装混合物做 100 倍稀释，各取 10μl 和 100μl 涂板，于 37℃或 42℃培养 8～12h。

(5) 计算重组噬菌斑和非重组噬菌斑，连接反应 A 不应产生重组噬菌斑，而连接反应 B、C 和 D 应产生数目递增的重组噬菌斑。

(6) 根据重组噬菌斑的数目，计算 cDNA 的克隆效率。

(7) 挑取 12 个重组 λ 噬菌体空斑，小规模培养裂解物并制备 DNA，以供适当的限制性内切核酸酶消化。

(8) 通过 1%琼脂凝胶电泳分析 cDNA 插入物的大小，用长度范围 500bp～

5kb 的 DNA 片段作为分子质量参照。

2. cDNA 文库的筛选

cDNA 文库经适度稀释后涂到母盘培养基上，然后再把这些噬菌斑的样品吸印到硝酸纤维素膜或尼龙膜上。

利用标记的探针进行杂交，如果出现杂交信号，从母盘上就可以把包含杂交信号的噬菌斑分离、培养。以此筛选出阳性克隆，进行序列分析，以获得 cDNA 全长。筛选过程中杂交过程同实验 11。

【注意事项】

要构建一个高质量的 cDNA 文库，获得高质量的 mRNA 是至关重要的，所以处理 mRNA 样品时必须仔细小心。由于 RNA 酶存在于所有的生物中，并且能抵抗如煮沸这样的物理环境，因此建立一个无 RNA 酶的环境对于制备优质 RNA 很重要。操作要戴手套，所有塑料制品以 DEPC 水处理，研钵、药匙、烧杯等玻璃制品 180℃烘烤 8h 以上。

mRNA 需要完整、种类多、不能降解，电泳应在 0.5～8kb 之间。

【实验提高】

对全长文库的构建可按照美国 CLONTECH 公司的 SMART cDNA Library Construction Kit 方法或 GeneRacer 试剂盒（Invitrogen，USA）使用说明书进行。

实验可选择用质粒作为载体，构建 cDNA 质粒文库，便于后续的操作。

【思考题】

1. 如何完成一个物种的 cDNA 文库的构建？
2. 如何从 cDNA 文库中分离获得目的基因完整的序列和功能信息？

实验 17　用重叠延伸 PCR 法进行 *EGFP* 基因的定点突变

【实验目的】

1. 学习基因定点突变的基本原理。

2. 掌握利用重叠延伸 PCR 法对 *EGFP* 的第 67 位 Tyr 进行 Tyr67→His 定点突变的技术。

【实验原理】

基因定点突变是指对基因的特定位点进行碱基删除、增补和替换来改变基因所编码的氨基酸序列，用于研究氨基酸残基对蛋白质的结构和功能的影响。

1992 年，Prasher 从水母中克隆了绿色荧光蛋白（green fluorescent protein，GFP）的基因，它编码的蛋白受激发产生荧光无需底物或辅助因子。目前，它作为报告基因被广泛用于基因表达和蛋白质定位的研究中。Clontech 公司对 GFP 进行了人工改造，开发了增强型绿色荧光蛋白（enhanced GFP，简称 EGFP）。本实验的目的是对 EGFP 的第 67 位 Tyr 进行 Tyr67→His 定点突变，以得到发蓝色荧光的突变蛋白质 EBFP。

重叠延伸 PCR 最早由 R. Higuchi 于 1988 年提出，这一方法的基础在于突变引物能够在 PCR 产物的末端同时引入突变和重叠区，扩增的两个 DNA 片段由于含有重叠区，杂交延伸后突变就巧妙地被转移到 DNA 分子的中间，从而实现中间位置的突变（图 17-1）。该方法需要 4 个引物，包括两个含突变碱基的反向互补引物和两个上、下游引物，整个突变过程需要进行 3 个 PCR 反应：先由 2 个 PCR 反应扩增产生含重叠序列（重叠区引入突变）的 DNA 片段，当两个片段相互杂交时，由于 DNA 聚合酶只能从片段 3′端延伸，所以只有一种杂交产物在 DNA 聚合酶作用下延伸形成全长的突变基因，再以上、下游引物进行 PCR 反应大量扩增得到突变基因。这一方法的优点是可以在目的序列的任一位置引入定点突变，另外突变寡核苷酸可以包含至少一个碱基的改变，也可以包含更为复杂的改变，如插入、缺失和多个碱基的改变。

【实验用品】

1. 器材

PCR 仪、琼脂糖凝胶电泳槽、电泳仪、台式离心机、冰浴、PCR 管、移液器和 tip 头。

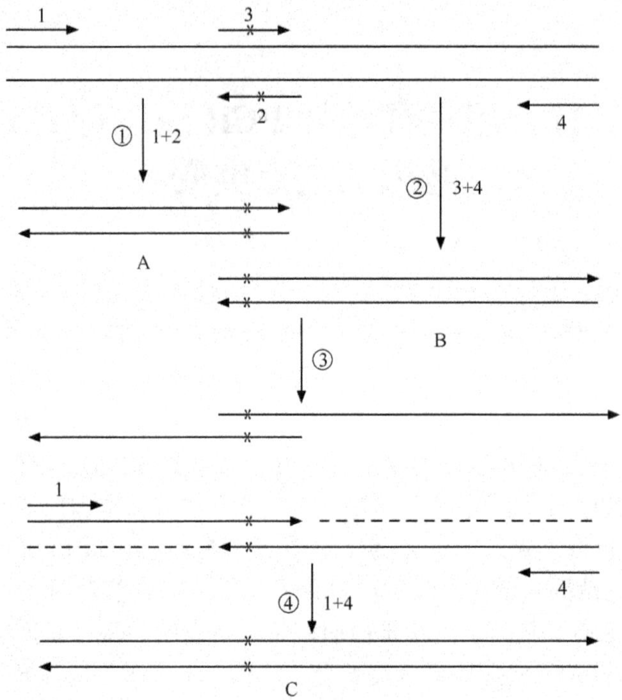

图 17-1　重叠延伸 PCR 基因点突变示意图

（①以引物 1 和 2 进行 PCR 扩增得到产物 A；②以引物 3 和 4 进行 PCR 扩增得到产物 B；③A 和 B 混合，变性、退火和延伸。箭头所示为 5′→3′方向，由于延伸反应只能从 3′端进行，所以只有一种退火产物可以延伸形成全长的突变基因；④以引物 1 和 4 进行 PCR 扩增得到突变产物 C。＊为突变位点。）

2. 试剂

Pyrobest DNA 聚合酶（5U/μl）、dNTP（各 2.5mmol/L）、10×Pyrobest 缓冲液Ⅱ。

3. 材料

Clontech 公司的质粒 pEGFP-N1。

【实验步骤】

1. 引物设计

在 NCBI 上查找 Clontech 公司构建的 pEGFP-N1 载体图谱和序列信息，得到 *EGFP* 基因的序列（图 17-2 和图 17-3）。根据该序列设计对 pEGFP-N1 质粒中 *EGFP* 基因序列的第 67 位 Tyr 进行 Tyr67→His 定点突变所需要的引物 1、2、3 和 4。在引物 1 和 4 的 5′端加上限制性酶切位点和相应的保护碱基，以方便克隆构建。*EGFP* 基因中 Tyr 的密码子 TAC，选择 His 的密码子 CAC，仅突变一个碱基。

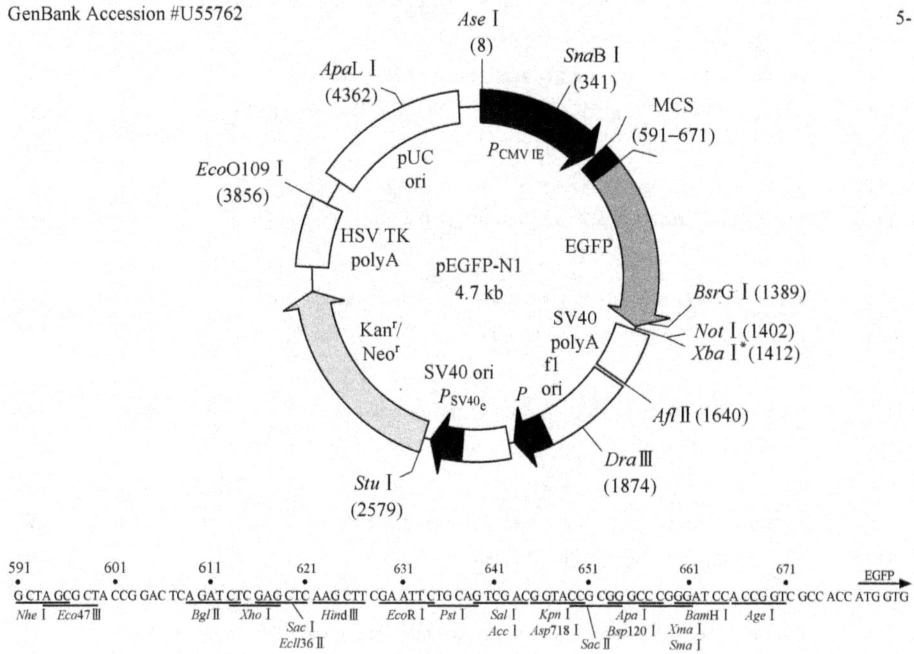

图 17-2 pEGFP-N1 载体图谱

1	atg gtg agc aag ggc gag gag ctg ttc acc ggg gtg gtg ccc atc	45
1	Met Val Ser Lys Gly Glu Glu Leu Phe Thr Gly Val Val Pro Ile	15
46	ctg gtc gag ctg gac ggc gac gta aac ggc cac aag ttc agc gtg	90
16	Leu Val Glu Leu Asp Gly Asp Val Asn Gly His Lys Phe Ser Val	30
91	tcc ggc gag ggc gag ggc gat gcc acc tac ggc aag ctg acc ctg	135
31	Ser Gly Glu Gly Glu Gly Asp Ala Thr Tyr Gly Lys Leu Thr Leu	45
136	aag ttc atc tgc acc acc ggc aag ctg ccc gtg ccc tgg ccc acc	180
46	Lys Phe Ile Cys Thr Thr Gly Lys Leu Pro Val Pro Trp Pro Thr	60
181	ctc gtg acc acc ctg acc [tac] ggc gtg cag tgc ttc agc cgc tac	225
61	Leu Val Thr Thr Leu Tyr [Thr] Gly Val Gln Cys Phe Ser Arg Tyr	75
226	ccc gac cac atg aag cag cac gac ttc ttc aag tcc gcc atg ccc	270
76	Pro Asp His Met Lys Gln His Asp Phe Phe Lys Ser Ala Met Pro	90
271	gaa ggc tac gtc cag gag cgc acc atc ttc ttc aag gac gac ggc	315

91	Glu Gly Tyr Val Gln Glu Arg Thr Ile Phe Phe Lys Asp Asp Gly	105
316	aac tac aag acc cgc gcc gag gtg aag ttc gag ggc gac acc ctg	360
106	Asn Tyr Lys Thr Arg Ala Glu Val Lys Phe Glu Gly Asp Thr Leu	120
361	gtg aac cgc atc gag ctg aag ggc atc gac ttc aag gag gac ggc	405
121	Val Asn Arg Ile Glu Leu Lys Gly Ile Asp Phe Lys Glu Asp Gly	135
406	aac atc ctg ggg cac aag ctg gag tac aac tac aac agc cac aac	450
136	Asn Ile Leu Gly His Lys Leu Glu Tyr Asn Tyr Asn Ser His Asn	150
451	gtc tat atc atg gcc gac aag cag aag aac ggc atc aag gtg aac	495
151	Val Tyr Ile Met Ala Asp Lys Gln Lys Asn Gly Ile Lys Val Asn	165
496	ttc aag atc cgc cac aac atc gag gac ggc agc gtg cag ctc gcc	540
166	Phe Lys Ile Arg His Asn Ile Glu Asp Gly Ser Val Gln Leu Ala	180
541	gac cac tac cag cag aac acc ccc atc ggc gac ggc ccc gtg ctg	585
181	Asp His Tyr Gln Gln Asn Thr Pro Ile Gly Asp Gly Pro Val Leu	195
586	ctg ccc gac aac cac tac ctg agc acc cag tcc gcc ctg agc aaa	630
196	Leu Pro Asp Asn His Tyr Leu Ser Thr Gln Ser Ala Leu Ser Lys	210
631	gac ccc aac gag aag cgc gat cac atg gtc ctg ctg gag ttc gtg	675
211	Asp Pro Asn Glu Lys Arg Asp His Met Val Leu Leu Glu Phe Val	225
676	acc gcc gcc ggg atc act ctc ggc atg gac gag ctg tac aag taa	720
226	Thr Ala Ala Gly Ile Thr Leu Gly Met Asp Glu Leu Tyr Lys End	

图 17-3 *EGFP* 基因与 EGFP 蛋白序列

引物 1：CAGGATCCAATGGTGAGCAAGGGCGAGGAGC（下划线为 *Bam* H Ⅰ酶切位点）

引物 2：ACTGCACGCC GTG GGTCAGGGTGGT（方框为 His 密码子的互补密码子）

引物 3：CCCTGACC CAC GGCGTGCAGTG（方框为 His 的密码子）

引物 4：CGGCGGCCGC TTACTTGTACAGCTCGTCCATGC（下划线为 *Not* Ⅰ酶切位点）

2. 合成末端突变的 DNA 片段 A 和 B

(1) 冰上配制 50μl PCR 反应液。

PCR 组分	DNA 片段Ⅰ/μl	DNA 片段Ⅱ/μl
ddH_2O	37.75	37.75
10×Pyrobest 缓冲液Ⅱ	5	5
dNTP(各 2.5mmol/L)	4	4
引物 1(10pmol/μl)	1	/
引物 2(10pmol/μl)	1	/
引物 3(10pmol/μl)	/	1
引物 4(10pmol/μl)	/	1
PEGFP-N1	1	1
Pyrobest DNA 聚合酶(5U/μl)	0.25	0.25

(2) 将两个 PCR 管置于 PCR 仪中，按下面的程序进行 PCR 反应。

94℃ 5min

94℃ 30s
58℃ 30s　} 30 个循环
72℃ 1min

72℃ 7min

4℃ ∞

反应结束后，取 5μl PCR 反应液进行 1%琼脂糖凝胶电泳，电泳完成后在紫外透射仪下观察结果，确认 PCR 扩增片段长度。如果条带大小正确，将剩余样品进行琼脂糖凝胶电泳回收。

3. 两个 PCR 产物的杂交和延伸

在 PCR 管中混合以下试剂进行两个 PCR 产物的杂交和延伸。

试剂	用量/μl
10×Pyrobest 缓冲液Ⅱ	5
dNTP(各 2.5mmol/L)	4
扩增产物 A	5
扩增产物 B	5
Pyrobest DNA 聚合酶(5U/μl)	0.25
ddH_2O	30.75

按下面的程序进行 PCR 反应。

94℃ 5min

94℃ 30s ⎫
58℃ 2min ⎬ 3 个循环
72℃ 7min ⎭

4℃ ∞

4. 突变产物 C 的扩增和回收

将完成反应的 PCR 管置于冰上，在体系中加入 2μl 引物 1 和 2μl 引物 4，按下面的程序进行 PCR 反应。

94℃ 5min

94℃ 30s ⎫
58℃ 30s ⎬ 27 个循环
72℃ 1min 30s ⎭

72℃ 7min

4℃ ∞

反应结束后，取 5μl PCR 反应液进行 1%琼脂糖凝胶电泳，电泳完成后在紫外透射仪下观察结果，确认 PCR 扩增片段长度。如果条带大小正确，切胶纯化回收突变产物Ⅲ。

5. 克隆构建

利用突变产物 C 两端及 PEGFP-N1 质粒的酶切位点 *Bam*H Ⅰ、*Not* Ⅰ，可以将它们进行重组构建重组克隆。

【思考题】

扩增产物Ⅰ和Ⅱ是否可以不经纯化，直接用于 PCR 反应进行杂交和延伸？为什么？

参 考 文 献

奥斯伯 F，布伦特 R，金斯顿 R E，等．1998. 精编分子生物学实验指南．第 4 版．颜子颖等译．北京：科学出版社．

卢圣栋．2003. 现代分子生物学实验技术．第 2 版．北京：中国协和医科大学出版社．

萨姆布鲁克 J，拉塞尔 D W. 2005. 分子克隆实验指南．第 3 版．黄培堂译．北京：科学出版社．

Moore C. 2009. Introduction to Western Blotting. Oxford: MorphoSys UK Ltd.

Nan L, Michael L, Kajia C, et al. 2012. The microRNA miR-34 modulates ageing and neurodegeneration in Drosophila. Nature, 482: 519-523.

附录Ⅰ　分子生物学常用仪器

一个标准的分子生物学实验室除了具有一般生物学实验室的常规仪器设备外，还具有一些特殊用途的仪器。这些仪器一般较精密，价格昂贵。

1. 温度控制系统

(1) 冰箱：根据药品、试剂及多种生物制剂保存的需要，必须具备不同控温级别的冰箱，其中最常使用的有 0～10℃、4℃、－20℃和－80℃冰箱。4℃冰箱适合储存某些溶液、试剂及药品等。－20℃冰箱适合储存某些试剂、药品、酶、血清、配好的抗生素和 DNA、蛋白质样品等。－80℃冰箱适合某些需要长期低温保存的样品、纯化样品和特殊低温处理的消化液等。0～10℃的冷柜主要用于低温条件下的电泳、层析、透析等实验。

(2) 液氮罐：有些实验材料、器官组织、细胞株、菌株及纯化的样品等，要求速冻和长期保存在超低温环境下，因此需要液氮罐(－196℃)。液氮具有经济、省力和较好地保持细胞生物学特性等优点。

(3) 培养箱：37℃恒温箱用于细菌的固体培养和细胞培养。CO_2培养箱适用于培养各种细胞，可恒定地提供一定量的 CO_2(通常 5%)，用来维持培养液的酸度(pH 值)。37℃恒温空气摇床可进行液体细菌的培养。

(4) 水浴锅：水浴锅主要用于保温。25～100℃水浴摇床可用于分子杂交实验及各种生物化学酶反应实验的保温。25～100℃水浴箱则常用于常规实验。循环式或恒温水浴箱是可以制冷也可以加热的水浴箱，主要用于 DNA 探针缺口标记、酶反应实验和电泳冷却循环用水等。

(5) 烘箱：烘箱主要用于烘干实验器皿。用于 RNA 方面的实验用具，需要在 250℃烘箱中烘烤，而有些塑料用具只能在 42～45℃的烘箱中进行烘干。

2. 水净化装置

随着分子生物学的飞速发展，许多实验对水纯度的要求越来越高。第一次蒸馏的水常难以满足实验要求，双蒸水可以去除水中的大部分有机杂质，但制作时间较长，且无机杂质仍然很多。另外，许多实验需要去离子水，这需要阴阳离子交换树脂进行处理。去离子效果好，但不能除去水中的非离子型杂质，其中常含有微量的有机物(树脂等)。目前，许多国家的实验室都使用高质量的超纯水。这种高质量的超纯水适用于 PCR、PCR 氨基酸分析、DNA 测序、酶反应、组织和细胞培养等。

3. 消毒设备

细菌和细胞培养及核酸等有关实验，所用的试剂、器皿及其他实验用具，应严格灭菌，有的实验还要求没有核酸酶的污染，故应将试验器械、试剂等进行高压消毒。大批实验物品、试剂、培养基等可以使用大型消毒器进行消毒。所有的细胞培养、细菌培养的操作，都应在紫外线消毒后的超净工作台中进行。

(1) 蒸汽消毒锅：用于小批量物品的随时消毒。

(2) 紫外线或75%乙醇、0.1%SDS(消毒剂)：一些不耐高压、高温器皿的消毒可用紫外线照射或乙醇和SDS浸泡。紫外线照射使用方便，但灭菌效果与距离有关，且产生臭氧污染安全。一般用于无菌室、超净台和塑料用具的消毒。

(3) 滤器滤膜：不耐高温、高压的试剂用其消毒。

(4) 煮沸消毒：主要用于金属器械和针，急需时采用。

4. 计量系统

(1) 称量系统：包括台秤、托盘天平、扭力摆动天平、光电分子天平、精密电子分析天平等。

(2) 液体体积的度量。

精：量筒(5～2 000ml)、移液管(0.1～10ml)、微量取液器(0.1～5 000μl)；

粗：刻度试管、刻度EP管、烧杯、锥形瓶。

(3) pH值测量。

pH计：测定溶液中H^+直接电位的仪器，主要通过一对电极，在不同的pH溶液中产生不同的电动势，把电压表测得的电池电动势用pH表示出来。

pH试纸：只适用于培养液、酚饱和液、缓冲液或其他试剂溶液pH值的粗略估计。

(4) 分光光度计：分光光度计是利用物质在可见光和紫外线区域中的吸收光谱来鉴定该物质的性质及其含量的一种仪器。它是由光源、单色器、吸收池、接收器、测量仪表或显示屏幕所组成的。光密度(OD)值是许多溶液中溶质定量的方便指标之一，通过所产生的单色光测定某一溶液对该单色光的吸收值，利用它可进行核酸溶液定量和纯度的初步判断。

5. 离心机

离心技术是研究生物的结构和功能中不可缺少的一种物理技术手段。因为各种物质在沉淀系数、浮力和质量等方面有差异，可利用强大的离心力场，使其分离、纯化和浓缩。目前有多种多样的离心机可供从少于0.05ml到几升的样品离心之用。离心技术应用广泛，包括收集和分离细胞、细胞器和生物大分子等。根据其转速的不同，可分为以下几种类型。

(1) 普通离心机：医用台式离心机是离心机中最简单且廉价的，常用于收集具有快速沉降系数的物质，如红细胞、粗大的沉淀物、酵母菌和细菌等。低速冷冻离心机主要用于细胞、细胞核、细胞膜和细菌的沉淀和收集等。台式离心机有常温和冷冻两种，最大转速为 12 000～15 000r/mim，主要用于生物大分子的微量操作。

(2) 高速离心机：最大转速 25 000r/min，最大离心力 89 000g。有冷冻和常温两种，多用于制备和收集微生物、细胞碎片、细胞、大的细胞器、硫酸铵沉淀物以及免疫沉淀物等。

(3) 超速离心机：最大转速 90 000r/min，最大离心力 694 000g。以其能超过 500 000×g 的离心力，开辟了完全崭新的研究领域。此法已成为分离、提纯、鉴定、分析生物大分子的技术之一。

(4) 台式超速离心机：最大转速 120 000r/min，最大离心力 625 000g。

6. 超净工作台

内有紫外灯、照明灯，还应有酒精灯火焰、75%乙醇等灭菌设备，是一种能提供局部洁净度的设备。其原理是鼓风机驱动空气，经过低、中效的过滤器后，通过工作台面，使实验操作区域成为无菌的环境。超净台按气流方向的不同大致有以下几种类型。

(1) 侧流式：净化后气流从左侧或右侧通过工作台面，流向对侧，或者从上往下或从下往上流向对侧，它们都能形成气流屏障从而保障台面无菌。缺点是在净化气流和外边气体交界处，可因气体的流向而出现负压，使少量的未净化气体混入，从而造成污染。

(2) 外流式：气流是面向操作人员的方向流动，从而保证外面气体不能混入。缺点是在进行有害物质实验时，对操作人员不利，但可采用有机玻璃把上半部分遮挡起来，使气流往下方流出。

超净台使用方法：75%乙醇消毒 2～3 次，摆放好实验用品。插上电源，紫外消毒 30min，启动风机 5min 后关灯，关灯后 10min 打开照明灯，即可使用。

7. 电泳系统

电泳技术是检测、鉴定各种生物大分子的纯度、含量及描述它们的特征，甚至还是分离、纯化、回收和浓缩样品的工具之一。它的原理是核酸和蛋白质等都带有电荷，当它们被置于电场中时，能够移动。电泳系统由电源装置和电泳槽装置两部分组成。

其中，电源装置的作用是使电源通过稳压器稳流后，既能提供稳定的直流电，又能输出稳定的电压。可用于以下三种。

(1) 常度稳压电泳仪：输出电压 0～500V，0～15mA。

(2) 中度稳压电泳仪：输出电压 400～1 000V。

(3) 高度稳压电泳仪：输出电压 1 000V 以上的电源装置。

电泳槽装置分为以下两种。

(1) 水平式电泳槽：一般分为微型电泳槽和大号水平式电泳槽。

（2）垂直式电泳槽：分垂直平板电泳槽和圆柱形电泳槽装置。

8. PCR仪

Polymerase chain reaction 仪，也称DNA热循环仪、基因扩增仪。它能使一对寡核苷酸引物结合到正负DNA链上的靶序列两侧，从而酶促合成拷贝数百万倍的靶序列DNA片段，它的每一次循环都包括在三种不同温度进行的DNA变性，引物复性和DNA聚合酶催化的延伸反应三个过程。

PCR仪主要应用于基础研究和应用研究等许多领域，如基因分型、序列分析、进化分析、临床诊断和法医学等。

9. 凝胶成像分析系统

主要用于核酸样品琼脂糖凝胶和PCR电泳结果的紫外观察和照相。该软件能提供对电泳凝胶、斑点测量、PCR密度的定量分析等。此外，还具备图像采集、标注、打印、将数据和图像发送到Word、Excel和图像处理等功能。

10. 干燥设备

（1）真空加热干燥箱：可将核酸在硝酸纤维素膜和尼龙膜上固定，用于杂交实验。

（2）电泳凝胶干燥箱：将电泳后的凝胶进行脱水干燥的仪器，一般可将凝胶干燥到一些玻璃纸上，干燥后的凝胶易于保存。

（3）紫外交联仪：使样品和膜经紫外线而交联在一起的仪器，其速度快且膜不变脆。其工作原理是紫外线直接照射膜上的样品（蛋白质、核酸等），使光波转换成热能，从而把样品固定在膜上，当累积热能达到要求时，仪器中的传感器会自动关掉紫外线从而停止工作。

（4）液氮冷冻干燥：适用于活性蛋白质样品的干燥与结晶。

（5）真空泵：许多实验都需要抽真空，如乙醇沉淀后核酸样品的干燥，电泳凝胶的干燥等。

11. 其他

（1）微波炉：便于一些溶液的快速加热和定温加热，电泳琼脂糖凝胶配制、溶化等。

（2）制冰机：用于制造大多数核酸、蛋白质的实验操作所需的低温环境，以减少核酸酶或蛋白质酶的水解。

（3）层析装置：（色谱分离）是一种分离多组分混合物的有效物理方法。层析法的种类很多。①根据作用机制不同，可分为吸附层析、分层层析、离子交换层析、凝胶排阻层析和亲和层析。②根据所使用的固定相和流动相的不同，可分为气-固色谱、气-液色谱、液-固色谱和液-液色谱等。③根据操作条件的不同，又可分为柱层析、纸层析、薄层层析、高效液相层析等。

（4）磁力搅拌器：常见的有多角度旋转混匀器、快速振荡混合器等，是用于混合的仪器。

(5) 组织匀浆器：常见的有超声组织及细胞破碎器，可用其进行样品的分离提纯实验。

(6) 通风橱：又称烟橱或通风柜，主要是减少实验者和有害气体的接触。很多溶剂能逸出毒气，放射性实验还要有有机玻璃屏蔽，完全隔绝则需要使用手套箱。

(7) 光密度计：激光光密度计是一种适用于多种电泳结果分析的仪器。无论是凝胶、印迹膜，还是放射自显图、负片、图片皆可以利用光密度计对其进行精确定量及定性分析。

(8) 印迹系统：核酸真空印迹系统是一种利用真空原理将已经分离的 DNA 片段和 RNA 从凝胶转移到膜上的仪器。它是由印迹仪和真空印迹泵组成的，印迹效率接近 100%。

(9) Tip 头、EP 管：微量移液器 Tip 头(吸液尖)、EP 管(微量 EP 管)可洗涤，硅化消毒后反复使用。对一些要求严格的实验，如 RNA 的提取、保存等操作，应使用新的消毒 Tip 头与 EP 管。另外还应备有常用规格的 EP 管(1 000ml、500ml、250ml、50ml、7ml 等)及 96 孔、24 孔、12 孔、6 孔的细胞培养塑料平板等。

(10) 小型设备、用具：定时器、滤膜、保鲜膜、防护眼镜、鸭嘴镊、常规的玻璃或塑料器皿(包括平皿、试管、烧杯、量瓶、试剂分液漏斗，避光保存试剂所需的棕色试剂瓶等)、记号笔和各种 PE 手套等。

附录Ⅱ　分子生物学中常用缓冲液的配制

1. 分子克隆常用的缓冲液

(1) TE

所需 TE 缓冲液 pH	所需试剂	所需试剂浓度/(mmol/L)	所需试剂 pH
7.4	Tris-HCl	10	7.4
	EDTA	1	8.0
7.6	Tris-HCl	10	7.6
	EDTA	1	8.0
8.0	Tris-HCl	10	8.0
	EDTA	1	8.0

(2) STE(亦称 TEN)

所需试剂	所需试剂浓度/(mmol/L)	所需试剂 pH
NaCl	0.1	0
Tris-HCl	10	8.0
EDTA	1	8.0

(3) STET

所需试剂	所需试剂浓度	所需试剂 pH
NaCl	0.1mmol/L	
Tris-Hcl	10mmol/L	8.0
EDTA	1mmol/L	8.0
Triton X-100	5%	

(4) TNT

所需试剂	所需试剂浓度	所需试剂 pH
NaCl	0.1mmol/L	
Tris-HCl	10mmol/L	8.0
Tloeen 20	0.05%	

(5) PBS

所需试剂	所需试剂浓度/(mmol/L)	所需试剂 pH
磷酸缓冲液	20	7.4
NaCl	150	

2. 各种 pH 的 Tris 缓冲液的配制

附表Ⅱ-1　各种 pH 的 Tris 缓冲液的配制

所需 pH (25℃)	0.1mol/L HCl 的体积/ml	所需 pH (25℃)	0.1mol/L HCl 的体积/ml
7.10	45.7	8.10	26.2
7.20	44.7	8.20	22.9
7.30	43.4	8.30	19.9
7.40	42.0	8.40	17.2
7.50	40.3	8.50	14.7
7.60	38.5	8.60	12.4
7.70	36.6	8.70	10.3
7.80	34.5	8.80	8.5
7.90	32.0	8.90	7.0
8.00	29.2		

某一特定 pH 的 0.05mol/L Tris 缓冲液的配制：将 50ml，0.1mol/L Tris 碱溶液与上表所示相应体积的 0.1mol/L HCl 混合，加水将体积调至 100ml。

3. 25℃下 0.1mol/L 磷酸钾缓冲液

附表Ⅱ-2　25℃下 0.1mol/L 磷酸钾缓冲液

pH	1mol/L K_2HPO_4/ml	1mol/L KH_2PO_4/ml
5.8	8.5	91.5
6.0	13.2	86.8
6.2	19.2	80.8
6.4	27.8	72.2
6.6	38.1	61.9
6.8	49.7	50.3
7.0	61.5	38.5
7.2	71.7	28.3
7.4	80.2	19.8
7.6	86.6	13.4
7.8	90.8	9.2
8.0	94.0	6.0

4. 常用的电泳缓冲液

附表Ⅱ-3 常用的电泳缓冲液

缓冲液	使用液	浓储存液(1 000ml)
Tris-乙酸(TAE)	1×:0.04mol/L Tris-乙酸 0.001mol/L EDTA	50×:242g Tris 碱 57.1ml 冰醋酸 100ml 0.5mol/L EDTA (pH8.0)
Tris-磷酸(TPE)	1×:0.09mol/L Tris-磷酸 0.002mol/L EDTA	10×:108g Tris 碱 15.5ml 85% 磷酸(1.679g/ml) 40ml 0.5mol/L EDTA (pH8.0)
Tris-硼酸(TBE)[1]	0.5×:0.045mol/L Tris-乙酸 0.001mol/L EDTA	5×:54g Tris 碱,27.5g 硼酸 20ml 0.5mol/L EDTA (pH8.0)
碱性缓冲液[2]	1×:50mmol/L NaOH 1mmol/L EDTA	1×:5ml 10mol/L NaOH 2ml 0.5mol/L EDTA (pH8.0)
Tris-甘氨酸[3]	1×:25mmol/L Tris 250mmol/L 甘氨酸 0.1% SDS	5×:15.1g Tris 碱 94g 甘氨酸(电泳级)(pH8.3) 50ml 10% SDS (电泳级)

注:1. TBE 浓溶液长时间存放后会形成沉淀物,应予以废弃。

2. 碱性缓冲液应现用现配。

3. Tris-甘氨酸缓冲液用于 SDS-聚丙烯酰胺凝胶电泳。

5. 常用的凝胶加样缓冲液

附表Ⅱ-4 常用的凝胶加样缓冲液

缓冲液类型	6×缓冲液	储存温度/℃
Ⅰ	0.25%溴酚蓝 0.25%二甲苯青 FF 40%(W/V)蔗糖水溶液	4
Ⅱ	0.25%溴酚蓝 0.25%二甲苯青 FF 15%(W/V)聚蔗糖(Ficoll)(400 型)水溶液	室温
Ⅲ	0.25%溴酚蓝 0.25%二甲苯青 FF 30%(W/V)甘油水溶液	4
Ⅳ	0.25%溴酚蓝 40%(W/V)蔗糖水溶液	4
Ⅴ	碱性加样缓冲液 300mmol/L NaOH 6mmol/L EDTA 18%聚蔗糖(Ficoll)(400 型;Pharmacia)水溶液 0.15%溴甲酚绿 0.25%二甲苯青 FF	4

6. 2×SDS凝胶加样缓冲液

所需试剂	所需试剂浓度
Tris-HCl(pH6.8)	100mmol/L
二硫苏糖醇(DTT)	200mmol/L
8DS(电泳级)	4%
溴酚蓝	0.2%
甘油	20%

注：不含二硫苏糖醇(DTT)的2×SDS凝胶加样缓冲液可保存于室温，应在临用前取1mol/L二硫苏糖醇储存液现加于上述缓冲液中。

7. 测序凝胶加样缓冲液

所需试剂	所需试剂浓度
去离子甲酰胺	98%
EDTA(pH8.0)	10mmol/L
二甲苯青FF	0.025%
溴酚蓝	0.025%

注：许多批号的试剂级甲酰胺，其纯度符合使用要求，无需再进行处理。不过，一旦略呈黄色，则应用在磁力搅拌器上将甲酰胺与Dowex XG8混合床树脂共同搅拌1h进行去离子处理，并用Whatman 1号滤纸过滤2次，去离子甲酰胺分装成小份存于－70℃。

附录Ⅲ　常用分子生物学实验数据

1. 核酸和蛋白质的常用参数

附表Ⅲ-1　遗传密码

第一个核苷酸 5′	U	C	A	G	第三个核苷酸 3′
U	苯丙氨酸	丝氨酸	酪氨酸	半胱氨酸	U
	苯丙氨酸	丝氨酸	酪氨酸	半胱氨酸	C
	亮氨酸	丝氨酸	（终止密码子）	（终止密码子）	A
	亮氨酸	丝氨酸	（终止密码子）	色氨酸	G
C	亮氨酸	脯氨酸	组氨酸	精氨酸	U
	亮氨酸	脯氨酸	组氨酸	精氨酸	C
	亮氨酸	脯氨酸	谷氨酰胺	精氨酸	A
	亮氨酸	脯氨酸	谷氨酰胺	精氨酸	G
A	异亮氨酸	苏氨酸	天冬酰胺	丝氨酸	U
	异亮氨酸	苏氨酸	天冬酰胺	丝氨酸	C
	异亮氨酸	苏氨酸	赖氨酸	精氨酸	A
	甲硫氨酸	苏氨酸	赖氨酸	精氨酸	G
G	缬氨酸	丙氨酸	天冬氨酸	甘氨酸	U
	缬氨酸	丙氨酸	天冬氨酸	甘氨酸	C
	缬氨酸	丙氨酸	谷氨酸	甘氨酸	A
	缬氨酸	丙氨酸	谷氨酸	甘氨酸	G

附表Ⅲ-2　氨基酸的主要参数

中文名	英文名	三字符	单字符	相对分子质量	等电点	极性
甘氨酸	Glycine	Gly	G	75.07	5.97	极性不带电荷
丙氨酸	Alanine	Ala	A	89.9	6.02	非极性
缬氨酸	Valine	Val	V	117.15	5.97	非极性
亮氨酸	Leucine	Leu	L	131.17	5.98	非极性
甲硫氨酸	Methionine	Met	M	149.21	5.75	非极性
脯氨酸	Proline	Pro	P	115.13	6.30	非极性
苯丙氨酸	Phenylalanine	Phe	F	165.19	5.48	非极性
异亮氨酸	Isoleucine	Ile	I	131.17	6.02	非极性

续表

中文名	英文名	三字符	单字符	相对分子质量	等电点	极性
色氨酸	Tryptophan	Trp	W	204.22	5.88	非极性
丝氨酸	Serine	Ser	S	105.09	5.69	极性不带电荷
苏氨酸	Threonine	Thr	T	119.12	6.53	极性不带电荷
天冬酰胺	Asparagine	Asn	N	132.1	5.41	极性不带电荷
谷氨酰胺	Glutamine	Gln	Q	146.15	5.65	极性不带电荷
天冬氨酸	Aspartic acid	Asp	D	133.1	2.98	酸性
谷氨酸	Glutamic acid	Glu	E	147.13	3.22	酸性
半胱氨酸	Cysteine	Cys	C	121.12	5.02	极性不带电荷
络氨酸	Tyrosine	Tyr	Y	181.19	5.65	极性不带电荷
组氨酸	Histidine	His	H	155.16	7.58	碱性
赖氨酸	Lysine	Lys	K	146.19	9.74	碱性
精氨酸	Arginine	Arg	R	174.4	10.76	碱性

2. 常用的核酸蛋白换算数据

(1) 平均相对分子质量/MW

每个脱氧核苷酸碱基的平均相对质量＝324.5Da

每个脱氧核苷酸碱基对的平均相对质量＝649Da

每个核苷酸碱基的平均相对分子质量＝340Da

每个氨基酸的平均相对分子质量＝110Da

双链(ds)DNA 的平均相对分子质量＝bp×660 Da

单链(ss)DNA 的平均相对分子质量＝bp×330 Da

RNA 的平均相对分子质量＝bp×340 Da

(2) 分光光度法测定 DNA 或 RNA

$1OD_{260}$ dsDNA＝50μg/ml＝0.15mmol/L

$1OD_{260}$ ssDNA＝37μg/ml＝0.10mmol/L

$1OD_{260}$ ssRNA＝40μg/ml＝0.12mmol/L

$OD_{(260/280)}$ 纯 DNA＝1.8

$OD_{(260/280)}$ 纯 RNA＝2.0

(3) DNA 质量与摩尔的换算

1) 质量换算成摩尔

1μg 1 000bp DNA＝1.52pmol＝9.1×10^{11}分子

1μg pUC 18/19 DNA (2686bp)＝0.57pmol＝3.4×10^{11}分子

1μg pBR322 DNA (4361bp)＝0.35pmol＝2.1×10^{11}分子

1μg M13mp 18/19 DNA（7249bp）=0.21pmol=1.3×10^{11}分子

1μg λ DNA（48 502bp）=0.03pmol=1.8×10^{10}分子

2）摩尔换算成质量

1pmol 1000bp DNA=0.66μg

1pmol pUC 18/19 DNA（2686bp）=1.77μg

1pmol pBR322 DNA（4361bp）=2.88μg

1pmol M13mp 18/19 DNA（7249bp）=4.78μg

1pmol λ DNA（48 502bp）=32.01μg

3）长度换算成质量

1kbDNA=6.5×10^5Da（dsDNA 钠盐）

1kbDNA=3.3×10^5Da（ssDNA 钠盐）

1kbRNA=3.4×10^5Da（ssRNA 钠盐）

4）蛋白质分子质量与摩尔的换算。

100pmol 分子质量 10 000Da 蛋白质=1μg

氨基酸平均分子质量=126.7Da

5）蛋白质与 DNA 的换算。

1kb DNA=333 个氨基酸编码容量=37 000Da 蛋白质

10^6Da 的 dsDNA 相当于 1.5kb，长约 0.5μm

10 000Da 蛋白质≈270bpDNA

30 000Da 蛋白质≈810bpDNA

50 000Da 蛋白质≈1.35kbDNA

Da：道尔顿/Dalton

3. 常见的核酸长度和相对分子质量

附表Ⅲ-3　常见的核酸长度和相对分子质量

核酸	核苷酸数	相对分子质量(Da)
λDNA	48 502(环状，dsDNA)	3.0×10^7
pBR322DNA	4 363 (dsDNA)	2.8×10^6
28S rRNA	4 800	1.6×10^6
23S rRNA	3 700	1.2×10^5
18S rRNA	1 900	6.1×10^5
16S rRNA	1 700	5.5×10^4
5S rRNA	120	3.6×10^4
tRNA(大肠杆菌)	75	2.5×10^4

4. 标准蛋白质的相对分子质量

附表Ⅲ-4　标准蛋白质的相对分子质量

中文名	英文名	相对分子质量/Da
肌球蛋白	myosin	212 000
β-半乳糖苷酶	β-Galactosidase	116 000
磷酸化酶 B	phosphorylase B	97 400
牛血清蛋白	bovine serum albumin	66 200
过氧化氢酶	catalase	57 500
谷氨酸脱氢酶	glutamate dehydrogenase	55 000
卵清蛋白	ovalbumin	42 700
醛缩酶	aldolase	40 000
碳酸酐酶	carbonic anhydrase	31 000
大豆胰蛋白酶抑制剂	soybean trypsin inhibitor	21 500
马心肌红蛋白	horse heart myoglobin	16 900
溶菌酶	lysozyme	14 400
肌红蛋白(F1)	myoglobin (F1)	8 100
肌红蛋白(F2)	myoglobin (F2)	6 200
肌红蛋白(F3)	myoglobin (F3)	2 500

5. 与 DNA 凝胶电泳有关的数据

附表Ⅲ-5　染料在非变性聚丙烯酰胺凝胶中的迁移速度

凝胶浓度/%	溴酚蓝/bp	二甲苯青/bp
3.5	100	460
5.0	65	260
8.0	45	160
12.0	20	70
15.0	15	60
20.0	12	45

附表Ⅲ-6　染料在变性聚丙烯酰胺凝胶中的迁移速度

凝胶浓度/%	溴酚蓝/bp	二甲苯青/bp
5.0	35	140
6.0	26	106
8.0	19	75
10.0	12	55
20.0	8	28

附表Ⅲ-7 聚丙烯酰胺凝胶浓度与DNA的分辨范围的关系

凝胶浓度/%	分离范围/bp
3.5	100～2 000
5.0	80～500
8.0	60～400
12.0	40～200
15.0	25～150
20.0	6～100

附表Ⅲ-8 琼脂糖凝胶浓度与线性DNA分辨范围的关系

凝胶浓度/%	线性DNA长度/bp
0.5	1 000～30 000
0.7	800～12 000
1.0	500～10 000
1.2	400～7 000
1.5	200～3 000
2.0	50～2 000

6. 科学单位与转换公式

附表Ⅲ-9 科学单位

前缀	符号	含义	单位	符号	度量
Mega	M	10^{6}	Gram	g	质量
Kilo	k	10^{3}	Meter	m	长度
Hector	h	10^{2}	Mole	mol	6×10^{23}个分子
Deca	da	10^{1}	Molar	M	mol/L
Deci	d	10^{-1}	Dalton	Da	g/mol
Centi	c	10^{-2}	Percent	%	g/100Ml
Milli	m	10^{-3}	Base pair	bp	碱基单位
Micro	μ	10^{-6}	Liter	L	体积
Nano	n	10^{-9}	Ounce	oz	常用量
Pico	p	10^{-12}	Pint	pt	常用量
Fetto	f	10^{-15}	Quart	qt	常用量
Atto	a	10^{-18}	Gallon	gal	常用量

(1) 长度单位。

1 米(m)=10 分米(dm)=100 厘米（cm)=10^3毫米(mm)=10^6微米(μm)=10^9纳米(nm)=10^{10}埃(Å)

(2) 体积单位。

1 升(L)=10 分升(dl)=100 厘升(cl)=10^3毫升(ml)=10^6微升(μl)

(3) 重量单位。

1 公斤(kg)=10^3克(g)=10^4分克(dg)=10^5厘克(cg)=10^6毫克(mg)=10^9微克(μg)

1 磅=453.59273 克(g)

(4) 摩尔浓度单位。

1mol/L=10^3mmol/L=$10^6$$\mu$mol/L=$10^9$nmol/L=$10^{12}$pmol/L

7. 不同检测方法的核酸灵敏度

检测方法	可检测到的最小拷贝数
PCR 或相关的扩增方法	1～10
溶液杂交	10^3
Southern 或 Northern 杂交	10^4
寡核苷酸杂交	10^6

附录Ⅳ GenBank 数据库简介

GenBank 是美国卫生研究所(NIH)的基因序列数据库,它收集所有可以公开获取的经过分析的 DNA 序列。GenBank 同日本和欧洲分子生物学实验室的 DNA 数据库(DDBJ 和 EMBL)共同合作构成了国际核酸序列数据库。截至 2011 年 4 月,已经拥有由 126 551 501 141 个碱基构成的 135 440 924 条 DNA 序列信息。

用户可以通过 NCBI(http://www.ncbi.nlm.nih.gov/National Center for Biotechnology Information 美国国家生物技术信息中心,隶属于 NLM——美国国家医学图书馆)的主页使用 GenBank。GenBank 的宗旨是鼓励科研团体对 DNA 序列的获取,从而促进数据库中 DNA 序列的丰富和更新,因此 NCBI 对 GenBank 的数据使用与发送均免费。用户可以在 GenBank 进行以下工作。

1. 用户可以递交序列至网站

BankIt:用于一条或者少数条提交的基于 WWW 的提交工具软件。

Sequin:提交软件程序,用于一条或多条 DNA 序列的提交,包括长序列,完整基因组,alignments,人群/种系/突变研究的提交。可以独立使用,或者用基于 TCP/IP 的"network aware"模式,可以链接到其他 NCBI 的资源和软件比如 Entrez和 PowerBLAST(请在提交前用 VecScreen 去除载体)。

2. 检索分子数据库

(1) 核酸序列数据库

Entrez 核酸:用登录号(accession number)、作者姓名、物种、基因/蛋白名字,以及其他的文本术语来搜索核酸序列记录。如果要检索大量数据,也可使用 Batch Entrez(批量 Entrez)。

RefSeq:NCBI 数据库的参考序列。校正的、非冗余集合,包括基因组 DNA contigs,已知基因的 mRNAs 和蛋白。Accession numbers 用 NT_xxxxxx, NM_xxxxxx, NP_xxxxxx, 和 NC_xxxxxx 的形式来表示。

dbEST:表达序列标签数据库,短的、单次(测序)阅读的 cDNA 序列。也包括来自于差异显示和 RACE 实验的 cDNA 序列。

dbGSS:基因组调查序列的数据库,短的、单次(测序)阅读的 cDNA 序列,exon trap 获得的序列,cosmid/BAC/YAC 末端及其他。

dbSTS:序列标签位点的数据库,短的在基因组上可以被唯一操作的序列,用于产生作图位点。

dbSNP：单核苷酸多态性数据库，包括 SNPs，小范围的插入/缺失，多态重复单元和微卫星变异。

(2) 完整的基因组序列数据库

Genome 和 Maps：包括各种物种资源，人、小鼠、大鼠、酵母、线虫、疟原虫、细菌、病毒、类病毒、质粒。

UniGene：被整理成簇的 EST 和全长 mRNA 序列，每一个代表一种特定已知的或假设的人类基因，有定位图和表达信息以及同其他资源的交叉参考。序列数据可以以 cluster 形式在 Unigene 网页下载，完整的数据可以从 FTP 站点 repository/UniGene 目录下下载。

(3) 蛋白序列数据库

Entrez 蛋白：用 accession number、作者姓名、物种、基因/蛋白名字，以及很多其他的文本术语来搜索蛋白序列记录(在 GenPept ＋ Swiss-Prot ＋ PIR ＋ RPF ＋ PDB 中)。如果要检索大量数据，也可使用 Batch Entrez(批量 Entrez)。Accession numbers 用 NT_xxxxxx，NM_xxxxxx，NP_xxxxxx，和 NC_xxxxxx 的形式来表示。FTPGenPept 下载"genpept. fsa. Z"文件，这个文件包含了从 GenBank/EMBL/DDBJ 记录中翻译过来的 FASTA 格式的氨基酸序列，这些记录都有一到两个 CDS(保守序列)特性的描述。

Entrez 完整基因组蛋白：提供了一个编码区的概要和各种物种的分类表(TaxTable)。编码区概要列出了在基因组中所有的蛋白，并提供链接到 FASTA 和 BLAST 文件。分类表总结了蛋白 BLAST 分析的结果，建议它们的可能功能，并用颜色编码的图来显示物种同其他物种之间的关系。

FTP 基因组蛋白：从 ftp 站点的 genbank/genomes 目录下下载各种物种的 FASTA 格式的氨基酸序列 *. faa 和蛋白文件 *. ptt。

PROW：Web 上的蛋白资源，涵盖了大约 200 种关于人类的 CD 细胞表面分子的信息。互相检索，为每个 CD 抗原提供大约 20 种标准信息的分类(如生化功能、配体等)。

3. 搜索工具

Blast:将 DNA 序列或氨基酸序列与 GenBank 中发布的序列进行比较，检索相似的序列。

MMDB：一个关于三维生物分子结构的分子模型数据库，结构来自于 X-ray 晶体衍射和 NMR 色谱分析。MMDB 是来源于 Brookhaven 蛋白数据库(PDB)三维结构的一部分，排除了那些理论模型。MMDB 重新组织和验证了这些信息，从而保证在化学和大分子三维结构之间的交叉参考。数据的说明书包括生物多聚体的空间结构，这个分子在化学上是如何组织的，以及联系两者的一套指针。将化学、序列和结构信息整合在一起，MMDB 计划成为基于结构的同源模型化和蛋白结构预测的资源服务。MMDB 的记录以 ASN.1 格式存储，可以用 Cn3D、Rasmol，或 Kinemage 来显示。另外，数据库中类似的结构已经被用 VAST 确认，新的结构可以用 VASTsearch 来同数据库进行比较。

Cn3D："See in 3-D"，一个用于 NCBI 数据库的结构和序列相似显示工具，它允许观察 3-D 结构和序列-结构或结构-结构同源比较。

VAST：矢量同源比较搜索工具，一个在 NCBI 开发的计算算法，用于比较一个新解出的蛋白结构和在 MMDB/PDB 数据库中的结构的三维坐标。VAST 搜索计算一系列可能会被交互浏览的结构邻居，用分子图形来观察重叠和同源相似。

4. 文献数据库

PubMed：一个关于生物医药科学的检索系统，包括引用、摘要和杂志的索引术语。直接由出版商提供给 NCBI 文献引用以及链接到在出版商网址上的全文的 URLs。PubMed 包括 MEDLINE 和 PREMEDLINE 的完整内容。它还包括一些被 MEDLINE 认为超出范围的文章和杂志。

OMIM：在线查询人类孟德尔遗传，经常更新的人类基因和遗传失调的目录，有链接到其他相关的文献参考、序列记录和相关数据库。

Book：与书籍出版商合作，NCBI 为网络改编了教科书，并把它们链接到 PubMed-生物医药书目数据库。这是为了给 PubMed 提供背景信息，这样使用者可以探究在 PubMed 搜索结果中不熟悉的概念。